LES DIX COMMANDEMENTS DE L'HOMME POLITIQUE

FRANÇOIS GUILLAUME

LES DIX COMMANDEMENTS DE L'HOMME POLITIQUE

le cherche midi

Directeur de collection : Claude Fournier

Vous pouvez consulter notre catalogue général
et l'annonce de nos prochaines parutions sur notre site :
www.cherche-midi.com

92, avenue de France
75013 Paris

Conception graphique : Justine Dupré
Composition : Soft Office
Couverture : photos Thomas Barwick/Getty Images

Dépôt légal : octobre 2021
ISBN 978-2-7491-6915-6

AVERTISSEMENT

Les Français sont désorientés, désenchantés : la France recule. Son crédit régresse. Sa langue est supplantée, son économie fragilisée, sa diplomatie trop alignée, son armée sous-équipée, sa sécurité menacée, son indépendance en berne ; son rang est contesté dans les institutions européennes et internationales. Le monde politique est en cause, accusé dans son ensemble parce que le peuple a le sentiment d'avoir tout essayé : la droite, la gauche, le centre... et l'inconnu, sans que revienne la grandeur passée. Alors il cherche un héros, capable d'incarner le « génie du renouveau » qui habite toujours la France. Certes, notre pays a connu de grands serviteurs mais rares sont ces héros providentiels qui changent le destin d'une nation. Dans son histoire millénaire, la France n'en compte que deux : l'une fut brûlée vive, l'autre renvoyé à Colombey.

Réalisme oblige. Les ressources sont dans le peuple. La pâte est bonne, c'est le levain qui fait défaut. Fort de cette conviction, tout en étant conscient de la valeur et de la générosité de tant d'élus, j'ai cru utile de rappeler dans ce livre, en dix commandements, les règles de bon sens, de courage et de probité qui doivent encadrer la carrière de tout homme ou femme politique. Les exemples et contre-exemples sont légion. J'en ai retenu quelques-uns, choisis sans parti pris dans le passé, pour éclairer le rappel du devoir. Certes, la faiblesse est humaine mais la droiture a son prix... et sa double récompense: la confiance du citoyen et l'honneur de servir la France.

Tous les excès ici dénoncés ont figuré dans la presse sans protestations des intéressés autres que pour la forme.

AVANT-PROPOS

« Le pouvoir est un sacerdoce,
non une volupté. »
Richelieu

De cette affirmation de Richelieu le peuple de France voudrait se convaincre. Mais les insuffisances, les vénalités, les compromissions, voire les dérives des élites, jettent un doute permanent sur leur action et leur motivation. Cette déconsidération aveugle et générale est injuste. Quand elle s'étend à toute la classe politique, elle occulte la multitude des dévouements, la somme de générosités que des élus de tout niveau consacrent quotidiennement à leurs concitoyens. Mais ceux qui ont choisi d'être dans la lumière ont un devoir d'exemplarité qui ne saurait souffrir aucune exception ni défaillance ni bénéficier de cette indulgence pour leurs fautes qui choque l'opinion. Est tout aussi coupable la neutralité de ceux qui ne sont fidèles à rien ni à personne pour être bien avec tout le monde, comme l'est aussi le renoncement de l'élu à une grande ambition pour son pays quand celui-ci s'appelle la France.

Pour être à la hauteur de ce défi, revisiter les « tables de la loi » est la démarche à laquelle il doit s'obliger avant et pendant le mandat qu'il a sollicité. Parce qu'elles ont été écrites en titre de gloire par les soldats, les savants, les paysans, les artistes qui ont contribué à la grandeur de la patrie ; elles ont été écrites en lettres de sang par les innombrables qui, pour elle, ont préféré la mort au déshonneur.

Rien n'est plus décevant que l'alignement de l'homme politique sur la bien-pensance en vogue, sur la raison du plus grand nombre, alignement qu'il habille de la vertu de tolérance ; prétexte en forme d'excuse auquel saint Augustin a déjà répondu : « À force de tout voir, on finit par tout supporter ; à force de tout supporter, on finit par tout tolérer ; à force de tout tolérer, on finit par tout accepter ; à force de tout accepter, on finit par tout approuver. »

Rien n'est plus affligeant que la priorité donnée par l'élu à sa carrière politique alors que l'honneur d'être choisi par le peuple oblige au respect d'une éthique dont les fondements rejoignent les exigences de la morale naturelle. Point n'est besoin d'en fixer les principes.

Tout homme en sa conscience sait distinguer instinctivement le bien du mal, faire la différence entre l'avantage individuel et l'intérêt commun. Pour être crédible, l'homme politique doit être le moine-soldat de la cause qu'il défend, c'est-à-dire son militant inconditionnel. Certes, les défaillances sont humaines. Quand elles surviennent, le retrait de la vie publique s'impose. Le pardon est à ce prix.

Dans le temps présent, on assiste au bégaiement de la morale politique. Alors, désorienté, le peuple cède à la facilité du rejet sans distinction. C'est pour aider l'honnête citoyen à séparer le bon grain de l'ivraie, au risque de paraître moralisateur, mais fort de ma longue expérience d'homme de la terre, de syndicaliste, de patron d'industrie puis de responsable politique, que ce livre propose en dix commandements un cadre de réflexion et d'action aux élus de bonne volonté, un crible pour ceux qui ont le privilège de les choisir.

1er COMMANDEMENT : LA COMPÉTENCE

Tu n'accepteras pas de mission régalienne que tu n'es pas en capacité d'assumer.

De cette évidence, la course au portefeuille ministériel en est le presque parfait contre-exemple. Elle fait délibérément l'impasse sur les compétences requises.

« On est gouverné par des lascars qui fixent le prix de la betterave et qui ne sauraient pas faire pousser des radis », ironisait Michel Audiard.

La composition d'un gouvernement est une alchimie qui a atteint son paroxysme lors de la IVe République, en conséquence d'une instabilité gouvernementale chronique et sous l'effet de l'émiettement des partis politiques. Elle répondait à des exigences de plus en plus déterminantes, quand l'autorité du président de la République était incertaine et lorsque des majorités composites le contraignaient à un choix obligé de personnalités imposées par un large éventail politique. Dans l'intention d'élargir sa majorité pour assurer sa réélection, le Président en place s'efforce toujours de glaner des soutiens à la marge, au prix de quelques maroquins. Quant au recours à la société civile, parfois sans risque, comme pour la désignation d'un grand champion au ministère des Sports, il relève souvent de coups médiatiques sans lendemain.

La technicité croissante de tous les ministères devrait pourtant conduire à une sélection de promus autre qu'une distribution politicienne des prix. D'autant plus que l'emploi du temps d'un ministre est pour les trois quarts consacré à de la représentation, ce qui ne lui laisse pas la liberté de potasser son sujet quand il l'ignore. En conséquence, il est tributaire de son administration et du cabinet qu'il s'est choisi ; une administration qui, adepte de la continuité qu'elle prétend assurer, lui souffle ce qu'il devrait dire et lui « vend » facilement son projet quand elle en a un ; un cabinet souvent composé de jeunes ambitieux sans grande expérience, en recherche de valorisation à l'aube d'une carrière qu'ils espèrent brillante. Les meilleurs se reconvertiront dans le privé ou la haute administration. D'autres vont se pousser du col et intriguer pour décrocher une circonscription facile, en caressant l'espoir d'un couronnement ministériel. Dans un premier temps, ils se contenteront d'un ministère sans grand relief, par définition peu exposé, ce qui leur laissera le temps de préparer la suite sans complexe.

Toute une carrière politique aux frais de la République

En des époques différentes, Michel Rocard et Bruno Le Maire ont compris que le ministère de l'Agriculture pouvait leur apporter la notoriété de gouvernant qu'ils recherchaient pour atteindre de plus hautes fonctions. Michel Rocard se morfondait en 1981 au ministère du Plan et de l'Aménagement du Territoire où l'avait « confiné » François Mitterrand qui crut le piéger une seconde fois en le nommant à l'Agriculture deux ans plus tard, face à la toute-puissante FNSEA qui avait à son actif la démission d'Édith Cresson. Ainsi libéré, ce poste ministériel n'était guère envié au vu de cette centrale syndicale capable d'organiser de grandes manifestations telle celle de Paris qui, en 1982, avait rassemblé 120 000 paysans. Mais Rocard estimait que si cette mission était difficile, elle avait cependant l'avantage de lui ouvrir largement les médias, son domaine d'exercice s'étendant, au-delà de l'économie agricole et agroalimentaire, au social avec les 2 millions d'affiliés à la Mutualité sociale agricole, à l'enseignement agricole fort de ses collèges, de ses lycées et de ses grandes écoles, et de l'excellence de la recherche agronomique. Elle lui permettrait aussi de siéger au Conseil européen des ministres de l'Agriculture et de se mettre en valeur lors des grandes négociations internationales du GATT (aujourd'hui OMC). Sans complexe, il s'estimait en mesure d'amadouer le président du grand syndicat paysan soulagé du départ d'Édith Cresson, en retrouvant le dialogue avec les organisations agricoles.

Il lui fallut moins de deux ans pour perdre son crédit, en acceptant la mise en place des quotas laitiers et l'adhésion de l'Espagne et du Portugal à l'Union européenne, sans avoir pris la précaution de préserver les producteurs français de légumes, de fruits et de vin d'une concurrence abusive. De ces faux pas, l'agriculture française fera les frais durablement. L'atout à l'export « du pays aux 400 fromages » en sera affecté : l'administration de la répartition du droit à produire décidé par Bruxelles et soutenu par Michel Rocard finit par cumuler tous les inconvénients d'une distribution fondée sur des références historiques aggravées du commerce illicite des quotas entre producteurs[1].

Michel Rocard n'avait pas non plus vu venir la réplique américaine à l'élargissement du Marché commun qui s'ouvrait à la péninsule Ibérique. Car il privait sans compensation les États-Unis d'un débouché quasi sécurisé pour leurs producteurs de maïs, auxquels se substitueraient désormais leurs concurrents du Sud-Ouest français géographiquement mieux placés pour fournir à l'Espagne et au Portugal tout l'aliment du bétail dont leurs éleveurs avaient besoin. En de telles circonstances, l'Oncle Sam dégaine très vite. Ce fut sous la forme d'une taxation exorbitante des droits de douane sur les vins blancs, le cognac et le roquefort

1. La répartition du droit à produire fondée sur des références historiques avantageait les éleveurs en place ayant atteint une bonne productivité ; elle privait les moins efficients de toute progression. Plus grave encore, ce fut au détriment de l'installation de jeunes agriculteurs qui, faute de références suffisantes, devaient accepter de payer des pénalités de dépassement de quotas. Et pourtant, certaines entreprises manquaient de lait… pour maintenir leur marché hors Europe de produits nobles, non subventionnés, notamment les fromages AOC. Telle cette coopérative de l'Aveyron qui dut prendre en charge les pénalités de ses producteurs pour disposer de la matière première dont la privait le régime des quotas.

français. Elle interdisait pratiquement leur exportation vers le Nouveau Monde[2].

Mais Michel Rocard s'affranchit très vite de ses erreurs en démissionnant de l'Agriculture avec fracas... pour protester contre l'instauration de la proportionnelle aux législatives à venir, ce qui témoignait de son intérêt plus que relatif pour son ministère du moment et pour le monde paysan. Il manifestait ainsi un souci de carrière que d'autres, en leur temps, ont partagé avec lui, au détriment de leurs administrés. Bruno Le Maire fut de ceux-là qui ont misé sur l'exposition médiatique de l'Agriculture pour servir de tremplin à leurs ambitions. On se souviendra de la scène rendant publique sa concurrence avec François Baroin pour tenter en vain d'obtenir, dix mois avant la fin du quinquennat de Sarkozy, le ministère de l'Économie et des Finances, évidemment plus flatteur et plus porteur que celui de l'Agriculture où il se trouvait trop à l'étroit.

Le coût élevé, financier et humain, des impérities

À l'évidence, ces stratégies self-services portent préjudice aux missions confiées. Certes, une habile communication

2. Pour mieux ajuster son coup, Washington a mis en œuvre ces mesures de rétorsion au moment du changement de majorité en France de mars 1986 et ce fut donc alors au nouveau ministre de l'Agriculture de gérer les conséquences d'une faute politico-commerciale que, en tant que président de la FNSEA, il avait vivement dénoncée.

parvient parfois à en cacher la réalité. Mais l'analyse des statistiques et leur évolution dans la durée révèlent le déclin relatif mais inexorable de l'agriculture française : en vingt ans, l'atout agricole et agroalimentaire de la France a perdu son rang en Europe et dans le monde. À la fin des années 1990, elle était encore le premier exportateur agroalimentaire devant les États-Unis, grâce, notamment, au chiffre d'affaires élevé de ses ventes de vins d'appellation. Ces ventes ne suffisent plus à cacher son recul par rapport à ses concurrents européens et internationaux[3]. En 2018, pour la première fois dans l'histoire de son économie agricole, la France a accusé un déficit commercial avec l'Europe des 28. Pour quelles raisons ? Elles sont multiples, depuis l'acharnement des gouvernements de droite comme de gauche à aller au-delà de toutes les contraintes européennes normatives, réglementaires, écologiques pour flatter l'électeur et obtenir l'appoint politique des Verts, jusqu'aux contrôles inquisitoires de l'administration dans les exploitations agricoles pour s'assurer de la rigoureuse application des règles communautaires qu'ignorent au besoin l'Europe du Sud et l'Europe de l'Est. Conséquence dramatique de ce découragement provoqué : chaque année, 400 agriculteurs se suicident, soit plus d'un chaque jour sans que ces ministres

3. Le constat est alarmant : l'agriculture française est tombée au cinquième rang derrière, dans l'ordre, les États-Unis, les Pays-Bas, l'Allemagne, le Brésil. En Europe, l'Allemagne est le premier producteur de lait, de porcs, pour des volumes conséquents ; elle fait presque jeu égal avec la France pour les betteraves à sucre. La production de volailles progresse en Europe au rythme de 4 % l'an, sauf en France où pour 10 poulets consommés, 4 sont importés.

de l'Agriculture d'opportunité ne s'en émeuvent, sans que les médias n'y prêtent attention, sans que des « marches blanches » n'appellent la compassion populaire.

Le procès des ministres en cause n'aura pas lieu. Ils s'en sont protégés en se défaussant sur « Bruxelles » ; la communication biaisée a fait le reste. Pourtant, la plus grande tromperie dont gauche et droite se sont retrouvées complices et les paysans victimes fut l'abandon du soutien des prix agricoles, épine dorsale de la Politique agricole commune (PAC), en contrepartie de primes compensatoires de leur insuffisance, trop imprudemment acceptée. Ce fut au départ l'œuvre de la gauche, après la défaite de Jacques Chirac de 1988, cédant à la pression de Washington à qui la concurrence européenne portait ombrage. Et ce piège américain fonctionne depuis trente ans sans qu'aucun des hôtes de courte ou de longue durée de l'hôtel de Villeroy[4] n'ait cherché à s'en dépêtrer ; faute de savoir comment et de le vouloir.

Est-ce à dire qu'il faudrait qu'un ministre de l'Agriculture soit agriculteur ? Qu'un ministre de l'Industrie soit un grand patron du CAC 40 ou qu'un ministre de la Santé soit professeur de médecine ? Ce n'est ni interdit ni obligatoire. Un professionnel peut manquer de sens politique et, le nez sur le guidon, viser trop court. Tout au contraire, un politicien, pour s'affranchir de son ignorance, cherchera à se réfugier dans un discours généraliste. Dans l'intention d'illustrer ces

4. L'hôtel de Villeroy est le lieu de résidence du ministre de l'Agriculture.

cas d'espèce, nous n'aurons pas la cruauté de fustiger les recalés du ministère de l'Agriculture mais plutôt de faire état de quelques-uns qui ont réussi à marquer leur passage. En premier lieu, Jacques Chirac, à qui son attachement quasi charnel au monde paysan et son empathie naturelle à l'égard de ses concitoyens ont valu une grande popularité, acquise lorsqu'il était au ministère de l'Agriculture et à Matignon, et entretenue tout au long de son parcours politique.

Une subtile alliance de technique et de politique

Edgar Faure était un politique chevronné quand le général de Gaulle l'a tiré du purgatoire en lequel l'avènement de la Ve République l'avait confiné, pour lui confier en 1966 le ministère de l'Agriculture. Plusieurs fois président du Conseil et ministre sous la IVe République, ce brillant avocat rompu aux joutes comme aux combinaisons politiciennes d'un régime républicain alors décadent a accepté cette charge à la surprise générale, ralliant le camp gaulliste pour une mission que les initiés supposaient volontairement éphémère. Pourtant, Edgar Faure, bien qu'il ignorât à peu près tout des techniques et de l'économie agricoles, réussit un bon parcours. Il compte parmi les meilleurs ministres de l'Agriculture de la Ve République. Mais son talent oratoire, sa capacité de séduction de ses interlocuteurs, si tenaces soient-ils, n'auraient pas suffi s'il n'avait pas pris la précaution de s'entourer d'un cabinet de techniciens de haut niveau attirés par la personnalité de ce nouveau titulaire de l'Agriculture[5]. Pour autant, jamais Edgar Faure n'a été, comme beaucoup d'autres le furent plus tard, prisonnier des compétences de son cabinet. Il les a exploitées et valorisées intelligemment après avoir fixé ses choix et priorités.

Autre cas de figure: un paysan à l'hôtel de Villeroy

Un paysan aux commandes du ministère, ce fut le pari tenté par Jacques Chirac nommé Premier ministre en 1986[6]. Ce n'était pas un coup médiatique. Il y avait urgence pour la France à prendre l'initiative d'une réforme de la PAC (Politique agricole commune), qui préserverait ses objectifs initiaux de développement de son potentiel agricole tout en répondant aux critiques nées de la croissance des excédents

5. Parmi eux, son directeur de cabinet Jean Pinchon, agronome issu des organisations agricoles avant une carrière qui devait le conduire à la présidence de l'Institut national des appellations d'origine (INAO, aujourd'hui Institut national de l'origine et de la qualité) et à la direction générale du groupe Louis-Dreyfus. Maîtrisant parfaitement les données du marché, introduit dans les cercles restreints du commerce international, il veillait à maintenir la France, première puissance agricole de l'Europe, à la barre du Marché commun agricole des six pays fondateurs, assuré du soutien des dirigeants paysans. Avec un autre profil, Jacques Poly, chercheur promis à la présidence de l'INRA, conscient du retard accusé par l'élevage français sur ses concurrents européens, a su convaincre Edgar Faure de le combler par une organisation de la sélection animale fondée sur les techniques d'avant-garde et par un appui massif à la construction des bâtiments d'élevage bovins, ovins et porcins. Les applications en furent spectaculaires pour un coût limité. La génétique française est désormais l'une des meilleures du monde.

6. Note de l'éditeur: Ce paysan était François Guillaume, alors président de la FNSEA; il est l'auteur de ce livre.

de productions invendables. Moduler la PAC sans affecter l'atout français qu'elle valorise, en un temps limité aux deux années précédant l'échéance capitale de l'élection à la présidence de la République de 1988, tel était le défi à relever. En si peu de temps, gagner ce challenge n'était pas à la portée d'un politique généraliste, ni d'un technicien insensible au fait paysan. Vu sous cet angle, le choix de Jacques Chirac qui s'est porté sur le président de la FNSEA apparut procéder d'une certaine logique, d'une réelle sécurité quant à la connaissance du sujet par l'intéressé qui, de plus, pouvait se prévaloir d'une autorité certaine en milieu agricole. Pour le promu, il n'apparaissait pas simple de concilier l'attente du monde paysan, dont il avait porté avec ardeur les revendications et gagné la confiance, avec les exigences de sa charge et l'obligation de rechercher dans les instances européennes et internationales des compromis qui, par définition, génèrent toujours leur lot d'insatisfactions. Une autre épreuve l'attendait : la mauvaise volonté du niveau le plus élevé de son administration dont les directeurs, à une ou deux exceptions près, avaient été nommés par la gauche plus pour leur couleur politique que pour la maîtrise de leur sujet. Il y mit rapidement bon ordre. Quant à la composition de son cabinet à nulle autre pareille au sein du gouvernement Chirac, elle rassemblait des compétences et des vécus qui couvraient le champ des tâches ministérielles pour un exercice commun et solidaire du quotidien. Dans l'intention de réunir une grande diversité d'expériences et de savoirs, si les deux tiers des membres étaient issus des grands corps de l'État, énarques, polytechniciens, agronomes, dans l'autre tiers figuraient des collaborateurs des grandes organisations agricoles qui acceptaient ainsi leur changement définitif de statut pour servir autrement une cause à laquelle ils étaient attachés.

Sous cet avantage de compétences réunies et de motivations déterminantes, l'agriculture française tint son rang et son cap face à la dislocation de la Politique agricole commune à laquelle Washington travaillait avec la complicité de certains États membres et de la Commission européenne. Deux ans plus tard, une fois la résistance brisée par l'inconséquence des successeurs du ministre-paysan, les États-Unis imposaient aux Européens la réforme de leur choix. Jacques Delors, président de la Commission européenne, avait ouvert la brèche : reçu avec les honneurs d'un chef d'État à la Maison-Blanche, il avait déclaré à la sortie : « Désormais l'Europe exportera moins de produits agricoles, elle en importera plus. » Le détricotage de la Politique agricole commune était en marche.

La volonté politique n'avait pas triomphé durablement. *L'État profond*, à Paris comme à Bruxelles, était à la parade. Sous ce terme « d'État profond », il faut entendre la critique du rôle politique toujours plus décisionnel et pérenne de l'administration comme de la magistrature, rôle qui se substitue à celui des élus, complices de fait par incompétence ou absence de volonté. Ses vigiles nationaux, les hauts fonctionnaires en place, nommés pour la plupart par la majorité socialiste descendante, étaient bien décidés, avec l'habileté et la prudence nécessaires, à maintenir le cap à gauche malgré le retour au pouvoir de la droite ou, faute de mieux, à faire de la résistance passive. Ils avaient déjà servi dans leur carrière des ministres velléitaires qui, après quelques rodomontades, avaient fini par se ranger à leurs raisons. Ils attendaient donc sans angoisse le nouveau ministre peu averti des obstacles qu'une administration rétive pouvait dresser sur la route d'un élu. Ils se trompaient lourdement et le comprirent le lendemain même de l'arrivée du nouveau promu. Ce jour-là, avant même d'avoir arrêté la composition de son cabinet, le nouveau ministre réunissait les neuf directeurs généraux en place pour les entendre un par un, deux heures durant, faire l'état des lieux et émettre leurs suggestions. À la fin de l'exercice, il exprima sobrement ses intentions et le concours qu'il attendait d'eux. Un silence pesant s'ensuivit avant qu'une main se lève timidement pour déclarer impossible ce qui lui était demandé. La réponse ministérielle fut cinglante : « Sachez, messieurs les directeurs, que, contrairement à nombre de mes prédécesseurs, je maîtrise les problèmes agricoles et leurs enjeux ; en conséquence, j'ai toutes les raisons et le pouvoir de décider ; mais je comprendrais fort bien qu'en désaccord avec moi vous préféreriez vous démettre. » Ce qu'aucun ne fit. Cependant, conscient du danger que représentait leur mauvaise volonté ou, pire, leur sabotage, le ministre remercia sept des neuf titulaires des grandes directions pour les remplacer par des hauts fonctionnaires de son choix. C'était sans savoir qu'il fallait l'accord du président de la République pour « démissionner » un directeur général, et lui trouver une affectation d'un niveau au moins équivalent, et qu'il l'accepte. François Mitterrand eut la bonne grâce de ne pas s'y opposer malgré la situation conflictuelle de la première cohabitation.

Ce cas de figure méritait le détour, car il éclaire la puissance de *l'État profond* qui substitue son pouvoir à celui des élus, dans une continuité qui ne s'encombre pas des changements de majorité politique. Avec l'avantage du temps long et, au-delà des rivalités internes, d'une solidarité de classe qui accroît son pouvoir, les mêmes fonctionnaires étant tour à tour et à leur gré dans l'administration centrale ou dans un cabinet ministériel. Leur statut les protège : ils sont inamovibles, mais contrôlés par les 700 membres des cabinets épaulant une quarantaine de ministres et secrétaires d'État ; hauts fonctionnaires chargés de stimuler les administrations, ils veillent à la conformité de leur gestion avec la ligne politique du gouvernement qu'ils servent. Ces conseillers sont en quelque sorte le contre-pouvoir de l'administration tentaculaire et la sécurité pour leur ministre de maîtriser un sujet que parfois il ne connaît pas. Cette garantie quelque peu insolite se révèle indispensable quand des gouvernements, tels que furent ceux d'Emmanuel Macron, sont composés de ministres choisis parmi les élus entrés récemment en politique, et qui n'avaient pas rêvé de cette exceptionnelle promotion. Estimant que désormais tout leur était permis, ils ont conduit Emmanuel Macron à en révoquer une vingtaine parmi eux au cours des deux premières années de son quinquennat, pour sanctionner de scandaleuses dérives, incompatibles avec leurs éminentes fonctions.

Ces parachutages à de hauts niveaux de novices, indélicats ou non, conduiraient à des atterrissages catastrophiques si l'administration n'était pas là pour rectifier le tir, sous le contrôle des conseillers des cabinets ministériels. Or, ils sont le plus souvent des jeunes gens pressés, pleins d'ambition, parfois suffisants. Issus des grandes écoles, il leur manque celle qu'ils n'ont jamais fréquentée : l'école de la vie, et c'est une grave lacune. Sachants ils sont, convaincus que « l'expérience est une bougie qui n'éclaire que celui qui la porte » (Confucius). Concurrents entre eux, ils ne se font pas de cadeau. C'est particulièrement destructeur dans le cas de figure d'un ministre et d'un secrétaire d'État cotitulaires du même département ministériel. Aux fins de valoriser « leur patron » (en même temps qu'eux-mêmes), les membres des deux cabinets sont à la manœuvre pour s'approprier les dossiers, se ménager les contacts exclusifs, cultiver les courtisans, nourrir la presse en flattant les journalistes avides de confidences. C'est à l'évidence au détriment de l'intérêt supérieur de l'État qu'ils sont censés servir. C'est alors que la cohésion de l'action publique en souffre. Les décisions se font attendre. La procrastination s'installe en mode de gouvernement pour ne pas fâcher l'électeur et laisser « le valet de pique » aux successeurs. Pourtant, sous l'impulsion d'acteurs politiques éclairés des insuffisances du passé, la Constitution de la Ve République visait à écarter ces dérives, délirantes sous la IVe, mais sans y parvenir dans la durée. Car « chassez le naturel, il revient au galop ».

Le Président, clé de voûte de la Ve République

La composition des gouvernements établie uniquement sur des bases politiciennes a un autre inconvénient : faute de pouvoir se distinguer dans leur domaine de compétence ministérielle, les titulaires interrogés sur la gestion de leur charge se réfugient dans des déclarations générales ou dans les polémiques du moment pour cacher leur ignorance du détail de leur sujet. Comment se guérir de ces dérives que l'exemple agricole ci-dessus met parfaitement en relief mais que pourraient aussi illustrer d'autres départements ministériels ?

Sous de Gaulle, c'était une règle implicite : l'autorité naturelle du Général en imposait à tous. Il fixait le cap, préalablement défini avec le concours de grands experts (tels Jacques Rueff et Louis Armand, économistes et académiciens, qui dirigèrent, à la fondation de la Ve République, le comité d'experts chargé par le général de Gaulle de préparer et d'appliquer le plan de redressement économique de la France ; Baumgartner pour l'Économie et la Finance, Couve de Murville pour les Affaires étrangères) et exigeait son respect par ses ministres. À l'inverse, avec François Hollande, la cacophonie politique au sein de sa majorité éclatée en de multiples chapelles était maximale, et les querelles intragouvernementales en forme de règlements de comptes régalaient les humoristes. Sous le fallacieux prétexte du droit à la différence, chacun veillait à prendre ses distances pour préparer son avenir dans la certitude de l'effondrement du titulaire de l'Élysée qu'Emmanuel Macron a trahi sans scrupule. Avec ce dernier, on est tombés dans l'excès inverse sans que sa relative inexpérience ne l'en dissuade. Jupitérien il se veut. À cette fin, il a habilement choisi des ministres-techniciens aux postes les plus sensibles, là d'où peut venir le danger, tout en s'appuyant sur des politiques en mal de renaissance, tels François Bayrou et sa « Pythie », son inséparable Marielle de Sarnez, provisoirement récompensés de leur soutien au candidat Emmanuel Macron par un poste au gouvernement. S'étant rapidement auto-éliminés, le président eut alors les mains libres pour conduire sans partage la politique de son choix.

Dans l'esprit de la Ve République que les pratiques ont dévoyé, le Président incarne l'autorité de l'État et assure le fonctionnement normal des institutions, le Premier ministre n'étant que le coordonnateur de l'action gouvernementale et de la majorité parlementaire. On ne peut donc pas reprocher à Emmanuel Macron l'application de ce postulat dans son principe, même si sa trop timide mise en œuvre mériterait une formulation moins péremptoire et mieux éclairée des avis de ses conseillers, qu'on devine prudents dans l'intention de ne pas déplaire. Il gouverne sous l'avantage d'une majorité qui ne traîne pas encore les pieds parce qu'elle lui doit tout. Mais il n'a aucune expérience parlementaire et peu de pratique gouvernementale, pas de vécu autre que celui de fonctionnaire prolongé par un parcours de banquier qui ne prête pas au sentiment, ni à la fréquentation du peuple. L'autocratie qu'il pratique et qu'il revendique publiquement perd de son lustre et s'avère illégitime à chaque faux pas. L'isolement et l'usure prématurée du pouvoir sont en embuscade.

Ce qui vaut pour Emmanuel Macron sera de rigueur pour ses successeurs dans un monde où les vecteurs de puissance s'équilibrent entre la diplomatie, les armes, l'économie et la technologie. C'est en les conjuguant au mieux face à plus fort que lui (les USA et la Chine) que Vladimir Poutine réussit à mobiliser son peuple, ses succès électoraux en témoignent: la Russie continue à être respectée quand bien même Donald Trump s'était acharné à l'abattre et que ses successeurs en feront autant.

Un Président doit être un chef d'orchestre, à l'image de ces grands maestros qui savent jouer de plusieurs instruments mais qui tirent leurs succès du brio de leurs artistes, qu'ils choisissent pour leurs talents et, au-delà, pour leur appartenance à un ensemble et leur adhésion à un projet, dans l'anonymat s'il le faut. Ce ne fut pas et ce n'est toujours pas la préoccupation première du locataire de l'Élysée, plus sensible aux jeux de cour et aux équilibres politiciens habituels qu'à l'efficacité des promus. Mais c'est la France qui perd son rang quand le « Château » cède à la logique mortifère de la sélection partisane de son équipe de gouvernants. L'insignifiance des réformes en est le tribut; elle précède les désillusions du peuple avant que s'estompe le sentiment viscéral d'appartenance à la nation. C'est alors que la tutelle à plus fort que soi est en vue. Cédant à l'asservissement de la pensée unique et au consumérisme en vogue, le peuple se fait à cette raison: le monde étant désormais un grand marché, il convient de gommer les identités au profit d'un *Homo universalis* en qui se reconnaissent déjà les globetrotters de l'économie et de la finance. D'où les questions posées : la nation est-elle si périmée qu'elle ne serait plus que le musée des civilisations passées ? Un credo mondialiste va-t-il se substituer à la foi patriotique ? Sous la contrainte de la globalisation de l'économie, sommes-nous uniquement des citoyens du monde ou, pire, des consommateurs boulimiques, clients du plus offrant, du mieux disant ? L'Europe n'impose-t-elle pas déjà dans ses travers ce qu'on peut redouter : une gestion unifiée et sous tutelle (américaine ou, pis, chinoise) de la planète où la délégation de pouvoirs et de ses abus finiraient par engendrer une foule d'indignés ?

Le défi à relever ne peut se satisfaire des querelles partisanes et franchouillardes des décennies passées. Il appelle d'autres comportements, d'autres compétences pour stopper la décadence d'un pays comme la France dont les atouts économiques, industriels et agricoles, scientifiques, diplomatiques et militaires, géographiques, démographiques, culturels et touristiques sont évidents. Les valoriser exige aux commandes de l'État des hommes et des femmes de caractère, de courage et d'action dotés d'une abnégation certaine. On les cherche en vain.

2e COMMANDEMENT : LE BON SENS

En toute chose tu passeras au crible du bon sens tes affirmations et tes actes.

Le bon sens est la vertu la mieux partagée du monde. La clairvoyance qu'il permet est universelle et s'applique à tout. Napoléon en témoigne : « La haute politique n'est que le bon sens appliqué aux grandes choses. » Qu'il ne soit pas ou peu instruit des grands enjeux planétaires ou même de la société dans laquelle il vit, tout citoyen a un jugement, exprimé ou non, sur les êtres et les choses de son environnement et d'ailleurs. À qui sait l'écouter, la *vox populi* ne manque pas d'intérêt. Tout élu en tirera le plus grand profit, qu'elle soit ou non en concordance avec son propre sentiment ou sa propre vision de la conduite à tenir ; sans trop s'attacher aux avis des lecteurs publiés par les « Questions du jour » des grands quotidiens nationaux ou régionaux : ils sont à accueillir avec prudence parce que fondés sur une demande de réponse, limitée au « oui » ou au « non », sur une actualité sensible et non dénuée de passion, sujette à des réactions épidermiques. On se gardera donc de prendre pour argent comptant ces gallups à réponses spontanées, marquées de coups de cœur plus que de réflexion, à qui la caisse de résonance des médias donne une ampleur et une crédibilité injustifiées, par l'image et le verbe.

L'incohérence ruineuse des infrastructures : l'exemple lorrain

Les routes

Le citoyen français, connu pour son penchant critique, déplore non sans raison l'absence fréquente de bon sens des décideurs publics lors du choix des équipements sur lesquels ils ont autorité. Des choix parfois, il est vrai, désastreux et coûteux. Le réseau des infrastructures lorraines est un bon exemple des incohérences et des gaspillages auxquels conduit la conjonction du clientélisme politique et de l'obstination dans l'erreur de l'administration. Le transport lorrain routier, aérien, ferroviaire, fluvial en a été particulièrement affecté : en cette seule région sont rassemblés tous les exemples à ne pas suivre. Celui du réseau routier quand fut fixé au début des années 1960 le tracé de l'autoroute à péage Paris-Strasbourg. Déporté au nord de Metz en dépit d'un surcoût de 25 % mais sur l'insistance du député-maire de cette ville, Raymond Mondon[1], il tenait Nancy à l'écart

1. Cette décision provoqua un séisme politique à Nancy : Jean-Jacques Servan-Schreiber en profita pour se faire élire député lors d'une partielle à Nancy avant de se présenter six mois plus tard à Bordeaux, circonscription plus flatteuse, d'y chuter lourdement puis de retour en Lorraine d'être éliminé à l'élection suivante.

pour irriguer les bassins houiller et sidérurgique en déclin annoncé. Plus directe et hors péage, la route nationale existante reliant Paris à l'Alsace par Nancy n'en fut que peu soulagée ; c'est pourquoi, trop chargée, elle est peu à peu élargie en deux fois deux voies et attire vers elle un trafic en pleine croissance au détriment de l'autoroute[2].

On est parfois sidéré de l'entêtement de l'administration à s'enferrer dans ses errements et à couvrir des risques qu'une sage et obligatoire application du principe de précaution devrait lui interdire. En témoigne ce cas de figure aberrant de création d'une route de contournement d'une petite ville de Lorraine dont le grand intérêt n'est pas démontré. Néanmoins, les « fonctionnaires de l'Équipement », contre tout bon sens, ont décidé un trajet qui slalome entre d'énormes cavités aux contours indéterminés, dues à l'extraction de saumure par l'industrie chimique voisine. Pourtant, les avertissements n'ont pas manqué : à l'est du site choisi, une vingtaine de maisons d'un lotissement récent ont dû être démolies à la suite de l'affaissement du terrain sur lequel elles étaient construites. À l'ouest, par prudence, la société chimique détruit ses cités ouvrières au fur et à mesure que leurs occupants les quittent.

---

2. *Bis repetita placent :* dans le sens nord-sud (Luxembourg-Nancy), tous les élus lorrains à l'exception de deux parlementaires ont arraché à Édouard Balladur, Premier ministre en visite à Metz en 1993, la décision de construire une autoroute parallèle à l'axe existant (deux fois deux voies) libre d'accès et gratuit, de préférence à son élargissement à deux fois trois voies prévu dès l'origine qui, beaucoup moins onéreux, répondrait aux besoins. Fort sagement, le projet d'autoroute nouvelle a été abandonné. Au final, rien n'a été fait et le nécessaire élargissement attend depuis vingt ans.

Au même endroit, un effondrement majeur d'une profondeur de 60 mètres sur une superficie de 1 hectare a conduit à neutraliser, après comblement, cette zone agricole désormais transformée en sapinière. Et néanmoins, le projet chemine inexorablement. Si un drame survenait un jour, il est probable que les décideurs ne seraient plus en charge : par défaut, ils ne seraient ni responsables ni coupables. En revanche, les élus du moment auront des comptes à rendre bien que le député du lieu s'y soit opposé durant trente ans.

L'aéroport

Vint ensuite en Lorraine le désir d'aéroport qui taquinait toutes les régions françaises. La Lorraine n'y résista pas. Malgré la présence d'un aéroport de proximité tant à Metz qu'à Nancy, de cinq bases aériennes militaires pour la plupart en voie de désaffection, d'un aéroport redoutablement concurrent à Luxembourg, il a été décidé de créer un site aéroportuaire, entre Metz et Nancy cette fois, en gelant des centaines d'hectares de terres agricoles qui sont restées en friches. Et depuis vingt-cinq ans, la fréquentation de cet aéroport baisse régulièrement malgré les tentatives de diversification qui obligent à de nouveaux investissements. La Cour des comptes régionale a tiré la sonnette d'alarme, en vain : les chambres de commerce et le conseil régional couvrent le déficit annuel depuis l'ouverture de ce site par peur du scandale.

Le ferroviaire

Un nouvel accroc au bon sens a été dénoncé par plusieurs élus lors de la desserte TGV du Grand Est. Pour une fois, la Lorraine avait eu la bonne idée d'accepter de participer à son financement aux côtés de la SNCF afin d'être servie prioritairement. Elle fut moins heureuse dans ses choix d'exécution. En effet, plutôt que de faire une gare au croisement de cette ligne TGV Est-Ouest avec l'axe ferroviaire Nord-Sud qui dessert Luxembourg-Metz-Nancy-Épinal, le maître d'œuvre a choisi une implantation en rase campagne. L'erreur est grossière mais le coût du retour à un raccordement à l'axe central qui s'imposerait est si dissuasif que les majorités successives du conseil régional y ont, jusqu'ici, renoncé pour des raisons de coût prohibitif.

Le canal à grand gabarit

Quant au grand projet tant attendu et toujours différé de relier la mer du Nord à la Méditerranée par un grand canal de jonction entre la Moselle et le Rhône, son ambition s'est arrêtée à Toul, là où en première étape le général de Gaulle l'avait conduit.

À tout niveau, des erreurs ont été commises qu'un peu de bon sens aurait évitées. Un seul exemple national suffira, lourd de conséquences à long terme : celui de l'Éducation nationale qui réduit en zone prioritaire l'effectif des classes à une douzaine d'élèves (essentiellement pour des raisons pédagogiques et d'appui aux enseignants confrontés à l'indiscipline et parfois à la violence d'élèves non assimilés) quand il supprime en milieu rural les écoles qui en comptent plus du double et que des milliers d'éducateurs sont sans affectation.

Les tâtonnements tactiques des gouvernants rendent leur politique illisible

On aurait tort, cependant, de limiter la critique des citoyens à la gestion des services publics et à l'opportunité des équipements réalisés. Une étude plus approfondie du sentiment de la population, celle à laquelle devrait se livrer tout élu, révèle une maturité plus grande qu'apparente de la conscience politique de tout citoyen qui juge avec sévérité la mauvaise gestion de l'État, l'insécurité croissante, l'explosion de l'immigration clandestine. Les zones de non-droit en sont la conséquence, tout comme la tolérance de la justice au détriment des victimes, le chômage qui ne décroît pas alors qu'« en même temps » des centaines de milliers d'emplois ne sont pas couverts, s'y ajoutent une administration pléthorique et paperassière, une corruption trop peu sanctionnée pour les élus défaillants. Sans l'avouer, les Français déplorent plus encore la décadence de leur pays et s'indignent d'entendre leurs gouvernants prêcher une repentance globalement injustifiée envers des nations qui, plus de cinquante ans après leur indépendance, à quelques exceptions près – le Maroc et la Côte d'Ivoire –, ont gaspillé leurs acquis sous gouvernance française (économie, santé, éducation); et pour s'en disculper, qui accusent l'ancien colonisateur en accueillant le nouveau : la Chine, qui n'aura pas pour eux les mêmes égards. Pourtant, en toile de fond de leurs préoccupations matérielles subsiste la crainte imprécise d'une perte d'identité sous l'effet d'une mondialisation débridée conduite par des puissants anonymes.

La nébuleuse du dessein géopolitique

Après avoir accordé un blanc-seing par les urnes à ceux qu'ils ont élus, les Français s'interrogent sur la géopolitique conduite par leurs gouvernants. Ils le manifestèrent en rejetant par référendum en 2005 le projet de Constitution européenne, que le gouvernement Sarkozy reprit deux ans après sous la forme d'un nouveau traité qui lui ressemble comme un frère. Dix ans plus tard, la volonté du peuple oblige les mêmes à reconnaître la nécessaire refondation de l'Europe sur la base d'un retour à la souveraineté des nations. L'Europe fédérale est morte. Et c'est ainsi qu'en dépit d'une orchestration très médiatisée et univoque, la géopolitique conduite par les gouvernants de droite comme de gauche commence à être sévèrement contestée par le peuple qui n'a plus confiance en ses élites. L'alignement sur les États-Unis que Trump avait transformé en soumission, l'hostilité de principe à Poutine, le bannissement de l'Iran et, en sens opposé, la bienveillance témoignée à l'Arabie saoudite qui écrase le Yémen sous les bombes, finance Daech et l'islamisme en France, asservit les femmes dans son pays, posent question à une majorité de Français avant de susciter leur étonnement puis leur réprobation. Comment peut-on en effet soutenir le Printemps arabe en saluant la destitution des chefs d'État de la Tunisie, de l'Égypte immédiatement remplacés par des adeptes des Frères musulmans fanatiques ? Comment peut-on liquider Kadhafi un an après l'avoir accueilli au défilé du 14 Juillet et quelques mois après l'avoir ridiculement autorisé à planter sa tente de Bédouin à deux pas de l'Élysée où il était invité ? Le chaos qui a succédé à l'intervention en Libye et ses prolongements dans toute l'Afrique subsaharienne n'ont pas servi aux donneurs de leçons qui se sont fourvoyés en Syrie en fournissant des prétextes et des armes contre Bachar al-Assad qui, en combattant Daech, défend paradoxalement la cause de l'Occident. Et dans le même temps, la France s'enlise au Mali, y perd des soldats pendant que des immigrés de ce pays dans la force de l'âge plus nombreux à Paris qu'à Bamako manifestent contre l'insuffisance des aides qui leur sont accordées par la France. Le zéro pointé de la géopolitique française de ces quinze dernières années dépasse l'entendement. Il est porteur de grands dangers pour la sécurité nationale et l'équilibre du monde. Le peuple plein de bon sens en perçoit confusément la menace et juge sévèrement le fourvoiement de ses gouvernants.

Un besoin de clarification des objectifs visés… et d'homme providentiel

En antithèse, dans leurs réflexions intérieures non exprimées – subordination à la pensée unique oblige –, les Français rêvent d'un État stratège plus gaullien, c'est-à-dire pragmatique et indépendant dans sa participation aux affaires du monde. Dans le jeu des rapports de force entre les grandes puissances, l'isolement économique (les sanctions), géographique (l'encerclement de l'OTAN à sa frontière ouest), politique (le mépris diplomatique), militaire (dans un rapport de force de un à dix), ces mortifications imposées à la Russie la poussent vers la Chine et le Moyen-Orient, c'est-à-dire dans une configuration opposée à cette Europe « de l'Atlantique à l'Oural » que préconisait le général de Gaulle, seule carte maîtresse contre l'hégémonie américaine que Trump a exacerbée sous l'influence du Pentagone dont le métier est de préparer la guerre. Pour les « faucons » du haut commandement américain, il faut un ennemi et la Russie est le meilleur, pourtant moins dangereux que la Chine, moins suicidaire que la Corée du Nord. Cette hostilité de l'Occident, et plus particulièrement des États-Unis, à la Russie d'aujourd'hui autant qu'à celle d'hier – qui pouvait alors trouver sa justification dans le rejet du communisme – confirme l'analyse et la tristesse de Soljenitsyne exprimées dans son *Message d'exil* au constat de cette répudiation de principe. Pourtant, Poutine, arrivé au pouvoir, n'a pas manqué de faire des avances sur l'adhésion de la Russie à l'OTAN et au Marché commun européen. Elles ont été méprisées sous prétexte de doute sur leur sincérité.

La France et, avec elle, tous les autres États membres de l'UE, se montre incapable de résister au chantage américain usant de la suprématie de ses armes, prédateur de sa recherche scientifique, de ses banques (BNP : pénalités de

9 milliards de dollars), de ses grandes sociétés (Alcatel, Alstom et d'autres en attente), de ses start-up les plus inventives, toutes entreprises réduites par la léthargie de l'État à l'autodéfense en ordre dispersé, Curiaces ainsi offertes à la convoitise d'outre-Atlantique. Face à ce danger, l'Europe est hypnotisée, paralysée par le boa américain. Elle se révèle un nain géopolitique. Sans courage et sans âme.

Alors tout Français se demande à quoi sert l'Union européenne, si elle n'est que le vassal des États-Unis, voire son supplétif. Il se demande si la puissance cumulée de ses 27 nations est un atout dans le règlement des grandes affaires du monde : une mission qui exige une autre représentation des États membres et, pour la France, une place plus conforme à sa puissance militaire, économique, démographique, à sa capacité diplomatique, à sa géographie et à son histoire. Il se demande si son Président va se saisir de l'opportunité du Brexit et de l'affaiblissement de la chancellerie allemande pour rendre à la France le leadership en Europe qu'elle a perdu par la faiblesse insigne de ses gouvernants, pour faire du Vieux Continent un des acteurs-clés du monde. Il se demande comment son pays pourra retrouver son influence perdue au Moyen-Orient après avoir été le plus réticent à la signature d'un accord sur le nucléaire iranien établi à l'initiative d'Obama puis dénoncé par Trump. Et quelle autorité il pourrait avoir dans le règlement de la question syrienne en étant en froid avec Poutine, vainqueur militaire et politique de ce conflit régional. Une plus grande inquiétude encore le saisit face à l'incohérence de la politique migratoire gérée au coup par coup, au jour le jour, en l'absence d'une ligne de conduite claire tant sur le présent que sur l'avenir, l'une hypothéquant l'autre. Face à un accueil des migrants de plus en plus problématique, il s'indigne que, annoncé depuis cinquante ans, le déferlement des populations pauvres du Sud vers le nord n'ait pas été conjuré par une aide au développement déterminante pour maintenir sur place les populations.

L'exemple à suivre

À la lumière de ces fautes qui prêteraient pour les uns à sourire si elles n'avaient pas de lourdes conséquences financières, pour les autres à s'inquiéter de la soumission à une grande puissance, on se demande pourquoi les élites françaises manifestent une si grande léthargie. Que leur manque-t-il pour être à la hauteur de leur mission ? Leur font défaut les deux vertus principales de l'homme public : la volonté et le bon sens. Sans volonté, on ne fait rien ; sans bon sens, on fait tout de travers. Ces valeurs ont été sans cesse présentes dans la stratégie du général de Gaulle au chevet de la France en 1958 en pratiquant « l'art de rendre possible ce qui est nécessaire » (Richelieu) ; ce qui demandait aussi habileté et méthode. L'habileté ne cédait rien au fond ; la méthode écartait le risque d'enlisement. Celui-ci est réel quand on confie à des comités Théodule peuplés d'experts en mal de notoriété le soin de proposer une réforme d'envergure. Fort de son expérience, de Gaulle a évité ce piège ; en sollicitant deux personnalités de grand talent : Jacques

Rueff pour définir un plan de redressement de la France en quasi-faillite tout en évitant « le kaléidoscope des théories changeantes » des donneurs de leçon, et Pierre Massé à la tête du Commissariat au Plan chargé – *pour éviter la dictature de l'instant* – d'établir sur le long terme une stratégie antihasard du développement économique de la France, en concertation avec les forces vives du pays. Contre vents et marées, de Gaulle les a soutenus et tout particulièrement Rueff, le plus exposé, usant des ordonnances et de la menace de se retirer au cas où ses recommandations ne seraient pas approuvées. On connaît le succès rapide de la démarche : la restauration des comptes publics, la croissance, la liberté de manœuvre de la politique étrangère paralysée par le recours à des emprunts extérieurs pour financer la dépense publique. Par la suite, dans un contexte politique moins stressant, le duo Rueff-Armand, bien que toujours soutenu par de Gaulle, connut des résultats moins décisifs et lors des décennies suivantes « l'ardente obligation du Plan » fut abandonnée.

Le rêve passe…

Depuis, chaque ère présidentielle s'oblige à un nouveau challenge arrêté par des commissions animées par des Rueff au petit pied dont les travaux n'intéressent personne, pas même ceux qui les ont commandés. On navigue à vue, au gré des vagues sans cap ni compas ni boussole… Dès lors le peuple a compris que son élite a perdu tout bon sens ou, pire, l'a soumis à ses envies politiciennes. Il s'en agace et pour en finir avec les lâchetés du passé, il en viendra à se rebeller si à chaque renouvellement politique, rien ne change. La colère des « Gilets jaunes » est à compter parmi les prémices de révolte que le pouvoir serait bien avisé de ne pas ignorer. L'histoire de France foisonne de bouleversements sociaux et politiques aussi radicaux qu'inattendus. Dans l'inattendu, nous y sommes. L'argent qui remet brutalement en cause la course effrénée au profit et au rêve de bien-être matériel sans limites, au toujours plus, réservé aux classes privilégiées et jusqu'au système libéral lui-même, bible des possédants, ce fléau ne vient pas de la colère du dieu punissant Sodome et Gomorrhe pour les orgies de leurs habitants, ni de la furie des hommes à se détruire par le feu. Il a pris l'habit d'un virus assassin, aussi invisible que redoutable, qui frappe indistinctement le riche et le pauvre, le fort et le faible, le jeune homme et le vieillard. Un vent de panique a traversé la Terre entière. Les peuples renient leur Prométhée ; ils se déclarent prêts à l'enchaîner à la montagne. En est-on bien sûrs ? Craignons que, le danger passé, ne prévale une nouvelle fois le cynique « Il faut que tout change pour que rien ne change » et que les mêmes remplacent les mêmes.

3e COMMANDEMENT : LA COMMUNICATION

Des excès de la communication tu te garderas.

La télévision a le bel avantage de transformer la planète en un grand village dont chaque habitant est informé sur-le-champ de tout événement, fortuit ou programmé, qu'il suscite ou non son intérêt. L'information étant comme la grande musique qui s'apprécie à force de l'entendre, tout citoyen finit par s'intéresser au monde extérieur, si lointain soit-il, grâce à la petite lucarne dont les images attractives donnent de la chair aux faits présentés et laissent une trace plus durable dans nos mémoires. La politique en profite : l'homme devient plus citoyen. Il participe à la vie du pays avec un œil sur le monde, pour le meilleur et pour le pire. Le meilleur quand on fait appel à son intelligence et à son jugement, le pire quand la succession des faits divers le transforme en consommateur de nouvelles, choisies en fonction de leur charge émotionnelle. Qui n'a pas vu, bien calé dans son fauteuil, en direct comme s'il y était, la guerre d'Irak, les exécutions sommaires et publiques pratiquées par les talibans et Daech et, plus scandaleux encore, le dernier souffle d'un enfant mexicain dans la boue qui l'emprisonne, la petite fille vietnamienne brûlée au napalm et fuyant l'enfer. Dans quel but? Soigner l'audimat ou provoquer l'indignation? Un peu des deux sans doute; mais dans l'équilibre recherché, la déontologie n'y trouve pas toujours son compte.

Le regard porté sur la politique par les médias et leur outil le plus efficace, la télévision, a pour premier mérite de populariser le débat démocratique, de donner la chance à tout électeur d'émettre des votes plus éclairés, de contribuer à la formation civique, de cerner de plus près la personnalité des candidats. L'impartialité n'est, certes, pas garantie, qu'il s'agisse de la façon d'apprécier les enjeux ou du jugement porté sur les personnes. Car, aujourd'hui, les frontières ne sont pas étanches, si toutefois elles l'ont jamais été, entre presse d'information et presse d'opinion, et nombreux sont les élus qui se plaignent du traitement que leur réservent les journalistes, volontiers iconoclastes, quand ils ne sont pas partisans. Les hommes publics sont souvent leur cible et les critiques employées pour les faire descendre de leur piédestal ne s'avèrent pas toujours honorables. Interprètes de la rumeur, instigateurs de suspicion et à l'extrême, coupables de diffamation, ils bénéficient cependant de beaucoup d'indulgence, pour cause de « fond de vérité supposé » de leurs attaques et parce que le Français moyen, volontiers critique, n'est pas fâché de leurs dénonciations personnalisées. Malgré ces excès, la contribution de la presse à la transparence de la vie publique est essentielle et ne saurait être contestée, la liberté de blâmer étant un attribut indispensable de la démocratie. Y contribue l'apport des réseaux sociaux qui offre au public une plage énorme d'informations d'origine confidentielle ou non dont l'usager peine à démêler le bon grain de l'ivraie. Par ses témoignages, ses demi-vérités, la toile est *Le Canard enchaîné* de tous les jours pour des consommateurs frappés d'addiction.

Sous le feu des critiques

De toutes les personnalités connues du grand public, l'homme politique est l'un des plus exposés au jugement de ses concitoyens. À les entendre, on se demande même comment le peuple souverain a pu choisir de tels représentants! Une étrange sévérité s'exerce sur leur action, leur assiduité et leur efficacité au Parlement, leur rémunération; elle ne demande qu'à s'alimenter des commérages en vogue. Elle contraste avec la mansuétude dont bénéficient les vedettes du spectacle ou du sport, qu'ils vivent ou non à l'étranger pour échapper au fisc. À ce titre, citons la polémique qui, chaque fois, suit l'annonce du relèvement de la rémunération du président de la République revalorisée en 2018 à 180 000 euros par an[1]; elle illustre le caractère abusif de la contestation de l'indemnité du détenteur des plus hautes responsabilités de l'État, alors qu'elle n'a rien de commun avec les cachets des artistes du show-business et se révèle trois fois moindre que le salaire moyen des

1. Les 600 plus hauts fonctionnaires de l'État sont mieux traités : ils reçoivent un salaire annuel compris entre 250 000 et 300 000 euros.

footballeurs professionnels de Ligue 1 (et même 66 fois moindre que le mieux payé d'entre eux).

Cette particularité bien française contraste avec les pratiques de tous les pays industrialisés. Aux États-Unis, il faut d'abord être riche, ce qui là-bas n'est pas une tare, pour s'engager en politique, quitte à arrondir sa fortune après son mandat en profitant de la réputation acquise dans une éminente fonction. En Grande-Bretagne, en Espagne, en Belgique et dans d'autres pays européens, les familles royales en place sont confortablement dotées et personne, ou presque, n'y trouve à redire, alors que leurs missions sont essentiellement de représentation. Mais les mœurs d'ici sont tout autres ; il faut en prendre son parti. Le soupçon naît généralement du défaut de transparence et les abus de quelques-uns jettent l'opprobre sur tous. Des règles claires, une éthique mieux affirmée, des sanctions lourdes en cas de défaillance rétabliront la confiance et mettront fin aux arrière-pensées ; l'autorité des élus en sera confortée. Point n'est besoin de cadre législatif supplémentaire : ce ne sont pas les droits et obligations qui posent question, mais l'usage qu'on en fait. Une polémique est née, lors de la présidentielle de 2017, de l'emploi, par le candidat François Fillon, de son épouse au titre d'attachée parlementaire. Elle a permis de révéler qu'une centaine de députés avaient cédé à cette pratique sans participation évidente à leur travail à l'Assemblée de leur conjoint ou de leurs proches. Ce qui a conduit le Parlement à modifier son règlement pour interdire ces dérives, interdictions d'ores et déjà contournées par des échanges croisés de collaborateurs entre élus du genre :

« Officiellement, tu embauches mon épouse et moi, j'embauche la tienne. » La morale et l'éthique sont les seules parades à ces tentations ; et la sanction électorale est la bonne réponse à ces écarts de conduite. Ce qui malheureusement n'est pas confirmé dans les faits : beaucoup de fautifs qui ont abusé de l'argent public, de l'usage des palais ou des faveurs de la République ont été reconduits dans leurs fonctions par leurs électeurs après leurs forfaits.

De l'exception que constituent les dérives existantes, il ne faut pas faire une généralité. Le désintéressement des élus de tout niveau apparaît la première motivation de leur engagement. La démocratie ne sortirait pas grandie d'une mise en cause globale de ses représentants telle qu'elle peut apparaître au peuple en filigrane des écrits et des images des médias. La transparence est la première réponse aux accusations formulées et le juge la seconde si elle s'avère nécessaire. Mais au-delà une règle de vie politique mettra l'homme public à l'aise avec sa conscience et en confiance avec ses administrés.

La communication à tout-va

L'abondance des informations diffusées sur les réseaux sociaux cache, on le sait, des réalités fort différentes : fondées, approximatives, tendancieuses ou calomnieuses, elles ont cette apparence de vérité que leur confère leur relative confidentialité. Appréciées pour leur parfum de scandale, elles confirment et confortent le soupçon du peuple sur la face cachée des mobiles du pouvoir et le double visage des puissants que la presse soit ne dénonce pas, soit s'y emploie de façon sélective, y perdant alors une partie de sa crédibilité (Mediapart). Néanmoins, ce type d'information accessible à tous est utile à condition d'en faire le tri.

Gouverner par Tweet est une autre dérive à laquelle s'était « abonné » Donald Trump pour gagner l'adhésion du peuple à ses projets avant d'affronter le Congrès américain qu'il a mis ainsi sous pression : une manipulation de l'opinion publique à l'ère de la numérisation. Quand ce n'était pas du chantage lorsqu'il décidait unilatéralement de transgresser les règles du commerce international, de renier la signature de l'Amérique au bas du traité sur le nucléaire iranien, de sanctionner les banques et les entreprises étrangères travaillant avec ou en Iran sous le bénéfice et l'excuse du principe d'exterritorialité.

Dans tous ces cas de figure, la liberté est atteinte et l'esprit critique est insuffisamment développé pour résister aux « propagandes » scientifiquement élaborées. Entre crédulité et scepticisme, la marge peut être étroite. Entre foi et nihilisme, la raison a parfois du mal à s'imposer. Pour s'éclairer de la *res publica*, le bon citoyen aimerait disposer d'un *Reader's Digest* objectif des enjeux politiques, économiques, sociaux, diplomatiques de son pays : on ne lui propose que des rêves.

Même si le citoyen prend conscience qu'on lui fait prendre des vessies pour des lanternes, il subit le matraquage des informations sélectionnées par les médias pour améliorer leur audimat, quand ce n'est pas pour influencer politiquement le lecteur ou l'auditeur. Si on ajoute à cela les précautions du journaliste soucieux de ne pas déplaire à son patron et de ne pas déroger à la pensée unique, l'uniformisation du discours, servie par l'autocensure, n'est pas loin ; et le lynchage médiatique des récalcitrants s'ensuit. Éric Zemmour en sait quelque chose, pour avoir publié certaines vérités statistiques tirées de plusieurs rapports parlementaires sur la proportion d'incarcérés de confession musulmane dans les prisons françaises estimée à 60 % pour un poids de 9 millions d'habitants parmi les 67 millions de Français. À l'annonce de ces condamnations, on ne peut s'empêcher de penser à la chanson de Guy Béart : « Le premier qui dit la vérité, il doit être exécuté ».

La presse d'opinion en caméléon de la presse d'information ?

La politique est un sujet sensible dont raffolent les médias, car ils y trouvent matière à polémique dans les comportements, les contradictions, les reniements des acteurs de la vie publique. La qualité de l'alimentation l'est tout autant parce qu'elle touche au quotidien les Français et suscite leur crainte instinctive et quasi viscérale d'être « empoisonnés » à petite dose. Pourtant, l'espérance de vie ne cesse de croître en France au rythme de trois mois chaque année ; selon les médecins, grâce à leurs soins pour 30 % et à l'agroalimentaire pour le reste. N'empêche, tout incident alimentaire déclenche une avalanche de condamnations publiques avant même que le procès n'ait été instruit. Mais selon que vous serez bios ou conventionnels dans vos méthodes de production, les jugements des médias vous rendront blancs ou noirs. Le patron de Lactalis, numéro un mondial de l'industrie laitière, l'a appris à ses dépens, à la suite de la contamination de poudre de lait infantile issu de l'une de ses usines. Heureusement, cette salmonellose n'était pas résistante aux antibiotiques et il n'y a eu aucun décès à déplorer parmi les 18 nourrissons hospitalisés. Évidemment, c'est toujours grave pour les victimes, mais nul producteur agroalimentaire n'est à l'abri de ce genre de contamination, comme nul hôpital ne l'est des agents pathogènes, telles les infections nosocomiales contractées *in situ* par les patients. En revanche, on est surpris de la modération des critiques de la presse pour des cas d'intoxication aux conséquences plus dramatiques. Tel, en 2011, celui des germes de soja infectés par un colibacille dans une ferme bio allemande de Hambourg, qui a tué une trentaine de consommateurs et en a alité plusieurs milliers d'autres. Serait-ce parce qu'il ne fallait pas jeter le soupçon sur ce qui fonde l'aura du bio, c'est-à-dire autant l'idéologie du « naturel » que la publicité tapageuse et gratuite dont il bénéficie ? Citons encore l'émoi provoqué lors d'un épandage à proximité d'une école par un viticulteur bio du Bordelais, qui a intoxiqué une vingtaine d'élèves. Ce qui a surpris la population, persuadée de l'absence de tout traitement sur le vignoble bio par qui s'en réclame, alors que le relevé des produits autorisés en bio ne se limite pas à la bouillie bordelaise et aux produits soufrés mais s'étend à d'autres compositions chimiques, à base de cuivre par exemple, dangereux par son accumulation dans les sols et accusé de polluer les eaux.

Sous le feu des médias complices ou moutonniers, les uns par idéologie, les autres par alignement sur l'utopie écolo-régnante, l'agriculture conventionnelle est contestée, critiquée, agressée alors même qu'elle représente 95 % de la production et que sous le bénéfice de pratiques toujours améliorées par la technique et la recherche, elle réduit l'utilisation des intrants (engrais, pesticides) néanmoins indispensables. Or, paradoxalement, un sondage révèle que les paysans grandissent dans l'estime des Français en dépit des accusations ponctuelles ou générales qui leur sont portées. Les grandes chaînes de télévision ont saisi l'opportunité de ce regain d'intérêt pour le monde agricole en diffusant des courts métrages, des interviews de paysans qui expriment leur déception, leur colère, leurs espoirs. Ceux-là sont choisis pour la réponse que le journaliste en attend. Sont à l'aise ceux qui témoignent de leurs pratiques écologiques. Qui oserait les contredire ? D'autres, tenants de l'agriculture traditionnelle, se révèlent prudents, de peur d'être accusés de productivisme s'ils s'aventuraient dans la défense résolue des techniques qu'ils pratiquent et bien qu'elles soient conformes aux exigences réglementaires.

Comment, au-delà de l'image favorable dont il bénéficie, le monde agricole peut-il lever les doutes, voire les peurs des consommateurs, sur la nourriture qu'il leur fournit, et celles du citoyen sur la protection de l'environnement à laquelle il contribue pourtant de façon décisive ? Comment peut-il se protéger de ce climat de suspicion entretenu par des reportages tendancieux ?

Lutter contre le tsunami médiatique écolo-bobo est, les paysans le craignent, une bataille perdue d'avance. Sauf à contrer les accusateurs en délivrant une information télévisuelle honnête et complète aux Français pour démystifier les pratiques de leur métier abusivement dénoncées. En ne confiant à personne d'autre qu'à eux-mêmes le soin de leur communication. Et parce qu'il ne faut pas compter sur les chaînes de télévision actuelles pour obtenir un créneau à une heure de bonne écoute, la profession agricole n'a pour autre ressource que de créer elle-même sa propre communication. C'est un challenge que doivent relever les grandes organisations agricoles pour informer loyalement le grand public des réalités, des techniques, des innovations et recherches agronomiques sans écarter celles qui fâchent, comme des enjeux planétaires liés à la production agricole et à sa répartition, y compris aux plus démunis. Malgré la difficulté de l'exercice, quelques précurseurs avaient compris l'obligation d'éclairer loyalement le consommateur sur les avancées de la modernisation de l'agriculture en créant Télé Promotion Rurale[2].

2. La démonstration de l'intérêt que susciterait une télévision agricole et rurale a déjà été faite au profit des téléspectateurs du Grand Est. Déclinant en Lorraine l'initiative du professeur Malassis, fondateur de Télé Promotion Rurale en Bretagne, le syndicalisme agricole lorrain a créé en collaboration avec FR3 dès le début des années 1970 une antenne qui, en vingt-cinq années d'existence, a diffusé une soixantaine de documents radio et audiovisuels.
Une autre initiative, « D'un soleil à l'autre », magazine agricole télévisé et diffusé tous les dimanches sur FR3 à partir de 1982, a connu aussi un grand succès.

Mensonge d'État et catastrophe humanitaire au Moyen-Orient

Le mensonge d'État est un autre travers, facteur de désinformation intentionnelle ; il use de la crédulité du peuple pour justifier une politique, une intervention économique ou militaire. Les exemples sont légion. Le plus criminel fut le prétexte avancé par les États-Unis et la Grande-Bretagne pour écraser l'Irak sous l'affirmation de la possession par Saddam Hussein d'une arme à destruction massive menaçant la paix au Moyen-Orient. Depuis, les menteurs-agresseurs ont fait amende honorable mais leur guerre conduite par l'OTAN a coûté la vie à 1,2 million de militaires et de civils irakiens et elle déstabilise depuis une vingtaine d'années toute la région de l'Est méditerranéen.

En Syrie, après avoir soutenu les rebelles en guerre contre Bachar al-Assad et leur avoir fourni des armes qui ont probablement servi à Daech, Américains, Français et Britanniques ont bombardé les troupes syriennes sur la foi de documents cinématographiques attestant par l'image de l'utilisation du gaz sarin par l'armée syrienne sur les populations des villes en reconquête. Réalité ou montage ? La Commission internationale d'enquête tarde à rendre son rapport. Et le doute s'installe lorsqu'on se souvient des propos tenus en France par Mère Agnès-Mariam de la Croix, Franco-Syrienne, supérieure du monastère Saint-Jacques-le-Mutilé proche de Homs, qui avait assisté (témoignage dont on ne peut douter) à des prises de vues de massacres simulés, à destination des télévisions occidentales.

« Mentez, mentez, il en restera toujours quelque chose », aurait dit Voltaire.

Quand la communication tient lieu d'action

Certains politiques sont des spécialistes de la poudre aux yeux, capables de faire miroiter aux journalistes des lendemains qui chantent. Tel est Jean-Louis Borloo, politicien à éclipse qui en a trompé plus d'un sur ses capacités à conduire à bonne fin des projets trop beaux pour être vrais. Ministre du Logement, il voulait humaniser les grands ensembles immobiliers de nos cités en les remplaçant par des maisons à 100 000 euros et « résidentialiser » les quartiers. Mais plus que la truelle à la main, on l'a surtout vu, hilare, appuyer sur le bouton déclencheur des batteries de bâtons de dynamite appelés à provoquer l'effondrement sur elles-mêmes des énormes barres d'habitat collectif de la banlieue parisienne. Ministre de l'Écologie, un même enthousiasme l'a conduit à annoncer en 2003 au cours du Grenelle de l'environnement (on n'hésite pas sur les symboles) que la production agricole française serait à 20 % bio en 2020 et que dans la même proportion, les cantines scolaires serviraient du bio, mais sans préciser qui paierait la différence de coût, les collectivités ou les parents. Sans savoir évidemment que la chute de production agricole qui suivrait cette extension du bio priverait la France d'un gros volume de ses exportations agroalimentaires alors qu'elles dégagent chaque année un solde net d'une dizaine de milliards d'euros. Mais ce touche-à-tout qui se veut de génie n'en est pas resté là : il s'est mis en tête d'électrifier l'Afrique après probablement un vol de nuit plein sud où le contraste flagrant entre l'Europe illuminée et l'Afrique, deux fois noire, saute aux yeux. Véhiculée par la presse séduite par ce Don Quichotte, cette idée court le monde, négligeant le « comment ». Qu'importe pour Borloo, il lui faut de l'argent, beaucoup d'argent ; pour cela il a organisé alors « un tour de table » auquel des grands patrons du CAC 40, toujours les mêmes, sont conviés pour apporter la contribution… de leurs actionnaires, généreux par procuration sans le savoir. Passé la déferlante médiatique, les grands projets se font attendre et la nuit africaine reste opaque. À défaut de briller là-bas, la macronie aurait pu le tenter ici. Pour un poste ministériel, Borloo se serait-il manifesté trop tard ? En rattrapage, le Président a alors demandé à ce turbulent (qui pourrait être encombrant) un « plan banlieue » pour combattre, par des dépenses publiques, la révolution en marche des cités multiethniques. Pour faire sérieux, Borloo y est allé à la louche : 5 milliards d'euros. L'Élysée en est resté muet. Mais l'histoire de ce trublion plutôt sympathique connaîtra certainement d'autres épisodes.

Les contresens nés de la désinformation

Difficile pour un élu, même s'il a conscience qu'on l'abuse, de résister à la pression médiatique et de s'inscrire à contre-courant des idées à la mode et de leurs applications, tant elles sont présentées comme des évidences indiscutables. Sauf que les démonstrations sont souvent tronquées par l'oubli des facteurs limitants ou dissuasifs des projets plébiscités. La voiture électrique[3] en est une bonne illustration. Il ne viendrait à l'idée de personne d'en contester l'intérêt: il serait lapidé. Même Carlos Tavares, le patron de PSA, qui en construit parce qu'il existe un marché prometteur, regrette que l'équation avantages-inconvénients ne soit pas traitée dans sa globalité. Car, si on réduit la pollution de l'air par le développement des véhicules électriques, on aimerait aussi savoir comment produire plus d'électricité pour faire face à une demande qui va inévitablement exploser. Or, les Verts et leurs convertis, qui n'en sont pas à une contradiction près, rejettent le nucléaire dont ils réclament le démantèlement – alors que nos centrales atomiques fournissent 75 % de nos besoins actuels d'électricité – pour privilégier les énergies renouvelables dont le surcoût apparaît discrètement en bas de page sur la facture délivrée par EDF à ses clients; sans se préoccuper non plus outre mesure de la destruction par l'éolien des paysages dont ils se veulent pourtant les protecteurs exclusifs; en ignorant volontairement le faible rendement de cette production

3. Pour promouvoir la voiture électrique, on fait, sans état d'âme, l'impasse sur le coût environnemental et social de sa fabrication. Tout particulièrement de sa batterie rechargeable bourrée de métaux rares extraits principalement en Chine par des quasi-esclaves en créant des montagnes de résidus tant la teneur des minerais est pauvre en métal pur. Cette catastrophe écologique ne semble pas inquiéter les écolos de service et on se demande pourquoi les médias généralement plus curieux n'interrogent pas Nicolas Hulot et consorts sur cette atteinte à la planète.

alternative d'électricité (25 % du temps), qui oblige à des compléments de fourniture souple par des centrales à énergies fossiles, donc polluantes ; sans s'inquiéter du socle de 1 000 à 1 500 tonnes de béton et de ferraille enfouies dans le sol pour sceller chaque éolienne et destiné à y rester pour l'éternité quoi que devienne l'engin qu'il arrime. Un même aveuglement incite les écolos à militer pour le solaire quand bien même il faudrait 16 300 hectares de panneaux voltaïques pour équivaloir la production d'électricité des quatre réacteurs de Cattenom en Lorraine, soit la superficie de 20 000 terrains de football ! Et que dire de la maintenance de ces installations, du recyclage des panneaux solaires, des pales des éoliennes et des batteries des voitures propres, de l'épuisement des ressources des matières premières rares, nécessaires à la fabrication de ces équipements ? Il ne s'agit, certes, pas de renoncer à toute recherche d'énergie complémentaire, voire de substitution partielle du nucléaire, mais il s'agit, dans cette approche, de garder raison et de ne pas céder à la mode ou à la passion, mauvaise conseillère. En revanche, l'aberration est atteinte quand les ménages français sont menacés de coupures de courant en hiver et que pour y pallier EDF envisage d'importer de l'électricité ou d'en produire en rallumant plusieurs centrales à charbon[4] et alors que, « en même temps », Emmanuel Macron l'a obligé à fermer la centrale nucléaire de Fessenheim à la grande satisfaction des écolos pour lesquels ce démantèlement est une victoire et un encouragement. L'erreur de l'Allemagne

4. Pour remplacer Fessenheim, il faudrait trois centrales à charbon.

qui pollue à tour de bras en brûlant du lignite, en multipliant les forêts d'éoliennes, ne l'en a pas dissuadé. Un report des voix des Verts à une élection majeure en serait-il le deal ?

Seule compterait la loi des hommes ?

La pression médiatique atteint un summum de nocivité quand elle traite de sujets philosophiquement sensibles. Et comme il est de bon ton et de bonne manière d'apparaître aujourd'hui tolérant et *moderne* en toute chose, on se grise volontiers à taquiner les interdits naturels et moraux : le jeu, la drogue, le sexe. Au nom de la liberté individuelle, la permissivité devient la règle. Et le droit s'y soumet, faute de craindre les dérives pour étendre son registre. C'est pourquoi, *in fine*, la fièvre des progressistes saura l'emporter sur le conseil des sages et par la lassitude d'« une nation fatiguée de longs débats [qui] consent volontiers qu'on la dupe pourvu qu'on la repose » (Alexis de Tocqueville, *L'Ancien Régime et la Révolution*). Il en est ainsi de la PMA : elle permettait aux seuls couples hétérosexuels en difficulté médicale de procréer, désormais elle est étendue aux couples de femmes et aux femmes seules. Sans prendre en compte le bien-être futur de l'enfant, son ressenti de ne pas être tout à fait comme les autres parce qu'il a deux mères ou une seulement, et de ne jamais connaître l'identité de son père biologique. Mais le pire est dans le danger d'eugénisme que porte le projet quand le géniteur sera choisi sur catalogue et sous l'avantage de ses qualités et apparences physiques, de son quotient intellectuel (QI) espéré transmissible. Le bébé à la carte, sexé selon le désir du « client », sera donc la prochaine revendication avant la dernière étape, la gestation pour autrui (GPA) qui instrumentalise le corps des femmes, volontaires à porter un embryon d'autrui et rémunérées pour ce « service ». Tout cela a déjà été expérimenté et réussi dans le règne animal. Les nazis, eux, visaient la pureté de la race par l'élimination physique des handicapés, puis des populations juives, tsiganes et autres aux fins d'assurer à terme la domination aryenne. Nos apprentis sorciers misent-ils sur la sélection des humains pour changer le monde selon la description prophétique qu'en fait Aldous Huxley dans *Le Meilleur des mondes*, qu'il peuple d'enfants éprouvettes génétiquement conditionnés en robots humains pour assurer des emplois prédéterminés selon les besoins de la société ?

La communication est encore plus néfaste quand elle agit de manière insidieuse en usant de demi-vérités – c'est le péché par omission – alors que l'honnêteté intellectuelle obligerait à présenter tous les termes de l'équation pour éclairer le choix du citoyen. Or, la presse d'opinion a pris le pas sur la presse d'information, victime elle-même du conformisme et de l'autocensure, prisonnière de la pensée unique dont Philippe de Villiers moque les servants qu'il qualifie de « moines copistes qui écrivent tous la même chose ». Aussi, sous l'influence de ses chantres du politiquement correct et dans la crainte d'accusations de racisme auxquelles leur contradicteur s'exposerait, le silence s'installe sur la communautarisation rampante, sur la multiplication des zones de non-droit dans nos cités.

Étonnant silence des grands médias…

Et on fait un pas de plus dans la banalisation de l'information et sa neutralisation quand « le poids des mots, le choc des photos », qui attirent les consommateurs boulimiques d'infos, laissent ignorer le fond et les mobiles des faits et gestes de l'actualité. À l'exception des publications qui tentent d'offrir à leurs lecteurs une analyse moins superficielle des grands défis auxquels le monde est confronté – *Valeurs actuelles* est de celles-là –, peu de médias s'attachent à présenter les sorties de crise possibles quand elles exigent du temps pour produire leurs effets. La maîtrise du flux migratoire Sud-Nord en est la plus spectaculaire manifestation. Si nous savons tout des populations en cause, celles qui sont en route et celles qui sont en attente, tout des raisons diverses qui les poussent à quitter leurs pays – la faim, la misère ou la guerre –, des drames de leur exode, des problèmes liés à leur accueil, en revanche, on n'est guère éclairés sur la prise en compte en l'espace d'une génération de l'équilibre démographique, économique et humain entre les continents. Et pourtant, les avertissements n'ont pas manqué sur les conséquences de la pauvreté du tiers-monde aggravée de l'explosion de ses naissances. Il y a cinquante ans, Jean Raspail publiait *Le Camp des saints*, livre quasi prophétique imaginant l'odyssée maritime de 1 million d'Indiens faméliques fuyant un destin misérable pour submerger le sud de la France. Après l'avoir lu, certains auraient volontiers jeté son auteur en prison. Un an plus tard, le président algérien Houari Boumédiène confirmait à la tribune de l'ONU la menace en ces termes: « Un jour des millions d'hommes en quête de leur survie quitteront les rivages pauvres du sud de la Méditerranée pour faire irruption dans les riches territoires du Nord. » Quelques mois après, lors d'une sécheresse sans précédent au Sahel, la famine jetait sur la route d'un exode sans but précis des centaines de milliers d'Africains désemparés. Les médias s'en sont émus… le temps de passer à autre chose.

… et scandaleux mutisme des chefs d'État face à la misère du monde

Depuis cinquante ans, aucun chef d'État, de Giscard d'Estaing à Macron, n'a pris la mesure du drame qu'annonçait la conjonction de la fragilité des économies du Sud avec l'explosion de leur démographie. N'écoutant que leurs hauts fonctionnaires et leurs diplomates, nos Présidents successifs ont cédé à la pression de l'*imperium* américain et de la bienséance européenne. Sous l'excuse que notre pays compte désormais moins de 1 % de la population mondiale, ils ont renoncé à la mission multiséculaire de la France, pays des Lumières et des droits de l'homme, de délivrer un message universel pour répondre aux drames du tiers-monde: de Gaulle, dans son grand discours de Phnom Penh, avait affirmé « le droit des peuples à disposer d'eux-mêmes » pour promouvoir et justifier la décolonisation dans le monde. Il est décevant qu'à cet exemple aucun de ses successeurs n'ait eu le courage et l'audace de mettre sur la table du G8 une alternative à l'organisation actuelle de l'économie mondiale qui contraint à l'émigration des millions de malheureux.

Par défaut, ils se mentent à eux-mêmes, ces élus qui, pour couvrir leur immobilisme ou taire leurs faiblesses, ferment les yeux sur les drames qui les gênent sans les interpeller, jusqu'à pourfendre de leurs critiques ceux qui ont le mérite de l'action. Avec tristesse, citons encore Jacques Delors, président de la Commission européenne, rejetant par orgueil d'un revers de main un plan en faveur du tiers-monde sur lequel s'étaient accordés en 1988 les ministres du Conseil européen de l'Agriculture.

« Il est grand temps de rallumer les étoiles » (Guillaume Apollinaire), et c'est à l'élu de porter le *cergium.* Et l'élu sera grand s'il sait s'affranchir de la frilosité de ses conseils, des flatteries de la cour et de ses vénalités. Il sera grand s'il accepte de braver l'impopularité qui s'attache aux plus hauts desseins. Toujours il le sera en portant une ambition qui le dépasse. Cette exigence s'appelle courage.

4e COMMANDEMENT : LE COURAGE
Tu feras du courage ta vertu principale.

Il faut en convenir : la lâcheté est un défaut très répandu parmi les Français. La vie quotidienne fourmille d'exemples de ces renoncements sans gloire : du père face à ses enfants, du maître en conflit avec son élève, du ministre incapable d'en imposer à son administration. Ce déclin du courage est une triste réalité qui atteint toute la société française, volontiers moutonnière parce que la plupart de ses membres répugnent à l'affrontement, voire au simple débat, quitte à abandonner de leurs droits et à manquer à leurs devoirs ; quitte à se réfugier prudemment dans l'anonymat et à s'accommoder de celui qui parle le plus fort. Certes, le sursaut, le rachat, n'est jamais exclu mais il se paye au prix fort. L'exemple qui vient le premier à l'esprit est le désastre de 1940, conséquence dramatique d'une succession d'atermoiements, d'aveuglements et de lâchetés bien antérieure à l'ouverture du conflit : la reconquête aurait été plus rapide si le repli sur l'Afrique du Nord, préservant le potentiel militaire national, avait été privilégié à l'armistice. Plus près de nous, voici l'endettement de la France accumulé en un quart de siècle, auquel ont contribué par leur gestion calamiteuse presque tous les gouvernements qui se sont succédé ; elle est significative de la réticence des élus à engager toute réforme ou de leur détestable habitude d'en différer l'échéance par crainte d'un impact négatif sur les élections à venir. La multiplication de celles-ci élargit d'autant les plages de l'immobilisme politique, accentuant encore la propension à renvoyer à plus tard les décisions lourdes et impopulaires.

L'excès de prudence conduit à la stérilité

Chaque étage de la hiérarchie du pouvoir alimente cette retenue. Le souci de prudence est partout. Le décideur public en est prisonnier : même lorsque le bon sens éclaire suffisamment la route à prendre, il lui faut néanmoins faire l'inventaire des scénarios auxquels ses propositions pourraient conduire. À l'ère du tout-informatique, il serait même tentant d'introduire dans la machine tous les paramètres d'un problème posé et d'attendre sereinement son verdict. Puis, après l'avoir passé au crible du principe de précaution désormais érigé en base constitutionnelle, juger de son impact électoral pour décider sans risque.

L'administration avait auparavant cette qualité de protéger les élus des erreurs que, par ignorance, ils pouvaient commettre. Aujourd'hui, par excès de précaution, elle brise l'élan, l'enthousiasme des citoyens les plus dynamiques, qu'ils soient entrepreneurs, chercheurs ou gestionnaires de collectivités publiques et privées. Elle s'impose et en impose, réglementation à l'appui, celle-là même qu'elle maîtrise parfaitement pour en être le principal pourvoyeur. Ce système en boucle intègre aussi la loi dont le fonctionnaire est pour l'essentiel l'inspirateur par défaut ; le ministre, moins au fait, en assumera la paternité et le risque politique. De ce système, la technocratie en est le tribut. Et ce n'est pas le seul, quand interfère l'esprit partisan chaque fois que la neutralité de l'agent public est transgressée et que ses convictions personnelles prennent le pas sur son obligation de réserve dans l'exécution de sa mission. Car les temps ont changé : l'armée n'est plus tout à fait « la grande muette » et l'administration n'a plus tout à fait la même conception du service de l'État impartial !

Pour résister à ces pressions de la fonction publique toujours argumentées de considérations théoriques sur le bien-fondé et la rationalité de son conseil, il faut un caractère bien trempé, une bonne connaissance des problèmes dont on vous a confié la charge et la responsabilité politique.

Les exemples contraires, signe d'absence de rigueur, foisonnent soit parce que l'élu ne sait pas garder sa distance avec ses collaborateurs en entretenant avec eux une familiarité nuisible à son autorité, soit parce qu'il répugne à sanctionner ce ou celui qui doit l'être. Tel ce ministre qui, en dépit de l'indignation provoquée par la faute grave d'un de ses hauts fonctionnaires, mit un an pour le déplacer, invoquant l'indulgence, l'imminence d'un changement d'affectation de l'intéressé… comme si son statut devait le mettre à l'abri de toute sanction. Ces faiblesses sont partout ; à titre d'excuse, on les identifie à de la tolérance. Le privilège du « responsable mais pas coupable » qu'ignorent les salariés du privé n'est plus acceptable. C'est à l'aune de son mérite que chacun doit être jugé… et rémunéré.

Le courage, attribut décisif du pouvoir

Pour un élu, le courage est d'abord dans l'affirmation de ses convictions, car « être sans étiquette, c'est être sans visage » (Tilda Swinton). Censé éclairer son parcours, son credo établira la seule relation de confiance qui vaille avec les électeurs. Ce qui n'interdit pas de plaire mais pas au prix de se taire ; même si certains considèrent que, pour être élu, mieux vaut ne pas avoir de certitudes ou, du moins, mieux vaut ne pas en faire état. Or, la course au bien-être et les promesses électorales qu'elle suscite ne peuvent, à elles seules, emplir une vie. Elle laisse un vide, une insatisfaction de fond auxquels l'homme public doit apporter une réponse, y compris spirituelle, car le bonheur n'est pas que dans le plaisir matériel, en témoigne le retour au religieux. Il peut s'inscrire dans une fierté et une ambition nationales, celles qu'a su mobiliser, y compris à l'excès, mais à son profit, le Front national jusqu'à ce que plus raisonnablement Nicolas Sarkozy, un instant inspiré, comprenant que le patriotisme est encore un ressort populaire plus fort que sa seule expression sportive à l'occasion des compétitions transnationales ou des Jeux olympiques, fustige les prêcheurs de repentance et qu'il fixe un nouvel horizon à la mission universelle du pays. Il a rallié à cette cause nombre de Français que choque le reniement du passé national par ses édiles et qui se félicitèrent d'un retour plus médiatisé de la France dans les affaires du monde. Ce refus de conformisme ne fut hélas qu'un feu de paille. Comme le fut en politique intérieure l'intention de reconquérir « les territoires perdus de la République ». Car ce n'est pas en « passant au Kärcher les banlieues » qu'on rendra à leurs habitants la tranquillité qu'ils revendiquent, le désir de vivre en paix là où sévissent l'islamisme, le communautarisme et la drogue qui poussent les honnêtes gens au repli sur soi quand ils ne peuvent fuir l'enfer qui les opprime. Leur refus de baisser les bras est méritoire comme l'est celui des enseignants, du personnel de l'administration, des urgentistes dans les hôpitaux, des policiers et de quelques élus au contact des conflits. Mais leur résistance s'épuise au constat du manque de soutien de leur hiérarchie, de sa surdité à leurs plaintes, de l'impunité qui encourage les délinquants, des entorses au droit consenties par des élus en échange de bulletins de vote décisifs pour leur réélection. C'est ainsi que la « gangrène » s'étend sans espoir d'y mettre un terme. Au lieu du vivre-ensemble dont se gargarisent tant d'élus, on assiste à un face-à-face qui conduit inévitablement à l'affrontement d'abord localisé puis généralisé.

L'esprit de Munich perdure dangereusement

Si l'histoire est un éternel recommencement, on doit se souvenir de l'explosion du nazisme fondé par une poignée d'hommes déterminés, conséquence du ressentiment du peuple allemand imputant à ses politiciens la défaite de 1914-1918, des sanctions justifiées du traité de Versailles et de la misère du peuple qui s'ensuivit. L'esprit de vengeance a mobilisé les foules avant que le succès des armes ne les galvanise irrésistiblement. Les quelques résistants à cette furie nationaliste ont été les premiers éliminés. On doit aussi se souvenir que l'Anschluss n'a pas été un envahissement, mais l'accueil enthousiaste de la Wehrmacht à Vienne, sublimant une adhésion au Reich à laquelle les dirigeants autrichiens d'alors ont été contraints ou n'ont pas eu le courage de s'opposer.

À la lumière de l'histoire, la menace islamiste de ce début du XXIe siècle est encore plus inquiétante, parce que ses acteurs s'appuient sur une religion révélée, sur la crainte de Dieu dont usent et abusent les prosélytes musulmans et leur clergé, les imams animés de l'esprit de conquête dont Erdogan, le président turc, ne cache pas l'ambition quand il déclare : « Les mosquées sont nos casernes, les coupoles nos casques, les minarets nos baïonnettes et les croyants nos soldats. » Se mettre la tête sous le sable et s'offrir une vertu, comme le font de nombreux politiciens et journalistes, en niant le danger jusqu'à dénoncer un amalgame entre une majorité des musulmans discrets dans leurs pratiques religieuses et les fous d'Allah, témoigne d'une grande naïveté ou d'un aveuglement volontaire. Comme toujours, les plus enragés feront la loi et entraîneront la foule des croyants. Les premiers à être inquiétés seront les Boualem Sansal, Kamel Daoud, Jeannette Bougrab et d'autres écrivains et personnalités connus pour leurs critiques des régimes totalitaires d'essence religieuse qui assujettissent le temporel au spirituel sans que les sentinelles françaises de la laïcité n'y trouvent à redire.

La liberté du peuple n'est pas le produit de la faiblesse de ses gouvernants

Le culte de la liberté individuelle, l'exacerbation de la tolérance à sens unique influencent l'interprétation du droit par les plus hautes instances juridiques du pays. En témoignent les jugements du Conseil d'État, du Conseil constitutionnel sur le port du voile à l'université, dans les entreprises, du burkini sur les plages… Les juges cèdent à la pression des médias dont la capacité d'influence est redoutée par l'homme public, le chef d'entreprise, le prévenu. Ce quatrième pouvoir, anonyme et non élu, s'impose d'autant mieux qu'il n'a pas de visage et se prévaut de la liberté d'expression. Au prétexte de celle-ci se manifestent les plus grandes lâchetés. Celles des élus, qui n'osent pas dénoncer les insultes à la France et au drapeau, celles des juges et du parquet qui se réfugient dans les arcanes du droit pour écarter ou minimiser les sanctions selon des critères qui interrogent. Celles de l'ex-ministre de la Justice, Christiane Taubira, qui avait toléré l'affichage de personnalités diverses sur « le mur des cons » au syndicat de la magistrature, ce qui a justifié une plainte des victimes, laquelle peine à trouver une conclusion ; le seul pénalisé six ans après les faits étant le journaliste qui, pour avoir levé le lièvre, a été sanctionné par son employeur France Télévisions et par son syndicat national. À Mediapart, il aurait bénéficié d'une promotion !

Un seuil en lâcheté a été franchi quand l'emblème LGBT a flotté au fronton du palais Bourbon aux côtés du drapeau français lors de la « Marche des fiertés » célébrant à Paris l'homosexualité qui n'est ni à condamner ni à promouvoir. Le président de l'Assemblée nationale, François de Rugy, ne devait-il pas faire immédiatement descendre cette bannière de rupture de laïcité, quelle que soit sa sympathie pour les manifestants ? Dans le même esprit du respect de nos valeurs, de notre identité, l'exposition de drapeaux étrangers aux seuils de nos mairies lors de mariages de ressortissants étrangers est-il acceptable ? La réciprocité culturelle et cultuelle au profit de résidents français serait-elle tolérée dans les pays arabes ? La réponse est évidemment non. Face à ces communautés qui ont décidé d'être étrangères en France avant d'y imposer leur loi, toute concession sur les principes et dans les faits est interprétée comme un signe de faiblesse et exploitée comme telle. En témoignent toutes les entorses au civisme que tolère le pouvoir : elles sont un encouragement à la désobéissance civile et mettent dans l'embarras, voire en danger, des acteurs de terrain confrontés aux provocations et à la mauvaise foi des contrevenants.

Sans volonté, le courage n'y suffira pas. Plus qu'une vertu, elle est une force ; celle qui « transporte les montagnes », celle dont se gardent les diplomates de tradition, focalisés sur la recherche du consensus à tout prix, le pire scénario étant pour eux l'absence de conclusion à une négociation.

En 1995, plutôt que de choisir l'élu rompu aux affrontements européens qu'ils avaient pressenti, François Mitterrand et Édouard Balladur désignèrent à la Commission européenne un haut fonctionnaire que proposait avec insistance Jacques Chirac. Avec pour charge la négociation entre les partenaires de l'avènement de la monnaie unique : l'euro. C'était l'occasion pour la France de conditionner son accord à l'harmonisation fiscale et sociale dont le butoir avait été fixé quelques années auparavant, mais que les Allemands s'obstinaient à repousser pour conserver l'avantage commercial né de la différence de charges en faveur de leurs entreprises et au détriment de leurs concurrentes françaises. À tort, par faiblesse, par empressement d'aboutir ? Ce levier n'a pas été utilisé et trente ans plus tard le handicap demeure : l'égalisation des charges publiques dans l'Union européenne est toujours en attente. En revanche, pour le négociateur français, mission remplie, valorisation personnelle assurée.

« Le caractère, vertu des temps difficiles », disait de Gaulle qui a tenu la barre sans faiblir, ne reconnaissant de légitimité ultime que celle du peuple. Avec le recul du temps, l'oubli des querelles secondaires et l'apaisement des passions contraires, le contraste entre son traitement des affaires de la nation et celui qui prévaut depuis un demi-siècle met en lumière les causes du déclin de la France, conséquence directe du « déclin du courage » en Occident dénoncé par Soljenitsyne. L'irrésolution des élites, par calcul ou par tempérament, dans leurs discours et leurs actes mène à l'affadissement des politiques qu'ils conduisent et à la perte de leur crédibilité. « [J'ai connu] cent personnages dotés des plus rares talents dont le manque de caractère frappa l'œuvre de stérilité », disait Talleyrand. Les citoyens volontaires ont déserté la politique, évincés du pouvoir par les coteries, les chapelles, les partis, les vices du système de représentation ; parce qu'ils dérangent, parce qu'ils sont trop entiers et pas assez *soft.* Au chevet du service de la nation, le général de Gaulle disait regretter l'absence de fortes personnalités : « C'est un calcul bien mauvais que d'écarter de la puissance les caractères accusés sous prétexte qu'ils sont difficiles » (*Le Fil de l'épée*).

Quand le **statu quo** *prévaut sur la volonté de progrès*

L'électeur a aussi sa part de responsabilité. Il aime le consensus mou. C'est pourquoi il se lasse vite des hommes de caractère après les avoir plébiscités sans retenue quand le péril frappait à la porte. À plusieurs reprises, de Gaulle en a fait la cruelle expérience. Après avoir, dès 1940, replacé la France dans le camp des combattants puis des vainqueurs, l'objectif étant atteint, il fut rejeté en 1946 puis rappelé par ses détracteurs en 1958 pour régler à chaud le conflit algérien et anticiper les revendications d'indépendance en Afrique noire. Bien qu'il eût à son actif le rétablissement de la prospérité nationale et la reconnaissance de l'autorité de la France sur la scène internationale sous l'avantage de son entrée dans le club des puissances nucléaires, le danger passé, le peuple consulté par référendum en 1969 lui a refusé la poursuite de sa mission de réorganisation des structures économiques, sociales et politiques du pays pour faire face à de nouveaux défis. Ce rejet porta paradoxalement sur son projet de participation des « forces vives », salariés, patrons, agriculteurs… choisis par leurs pairs, à cette fin, dans les instances de décision des entreprises et dans les institutions publiques pour en finir avec la lutte des classes dont les relents et les rancœurs sont encore vivaces dans le monde du travail.

Substituer le dialogue à l'affrontement, la concertation à l'épreuve de force, la participation à la soumission, c'était déjà pour partie l'objectif visé par la politique contractuelle dans l'entreprise prônée par le secrétaire général de Force ouvrière, André Bergeron, mais que ses successeurs n'ont pas reprise. Voilà pourquoi ce partenariat qui réussit en Allemagne n'a pas son équivalent en France, à cause de la présence trop symbolique des représentants des salariés dans les conseils d'administration des sociétés, alors qu'outre-Rhin la moitié des sièges leur sont réservés. De cette responsabilité dans la gestion de l'entreprise, le monde ouvrier ne voulait pas. L'idéologie y est encore trop présente pour que la cogestion s'impose dans les relations avec le patronat, lui-même réticent. C'est pourquoi les syndicats réformistes, CFDT, CFTC, sont prudents par peur d'être utilisés et plus encore de perdre des adhérents, restés partisans du rapport de force bien que celui-ci trouve ses limites là où la concurrence et la mondialisation des marchés réduisent les marges de négociation salariale. Ce que confirme *a contrario* et de façon aussi indécente qu'inattendue le bras de fer soldé en leur faveur des pilotes de ligne avec leur direction : leur chantage a d'autant mieux réussi dans le passé que la part dans les charges générales que représentaient les augmentations de salaires exigées était anecdotique et que l'expansion du trafic aérien apparaissait sans limites.

Cinquante ans après la tentative manquée du général de Gaulle d'imposer la participation dans l'entreprise, les « Gilets jaunes » lui donnent raison sans le savoir dans le sentiment confus d'être privés de leur droit à décider de leur sort autrement qu'en déposant régulièrement leur bulletin de vote considéré par leurs élus comme un blanc-seing. Ils veulent désormais, sans trop savoir comment, être partie prenante dans le débat national. C'est une forme de courage populaire qui mérite le soutien et auquel l'élu doit répondre positivement tout en fixant le cadre et les limites de cette participation.

Pour un dirigeant, il est méritoire de ne pas céder à la facilité de l'immobilisme et de la résignation, et de braver l'impopularité de la réforme en acceptant le risque de perdre le suffrage de ses concitoyens dérangés dans leurs habitudes, leur confort, leurs avantages catégoriels, leur statut, même s'il est hors d'âge (SNCF, EDF, fonction publique). Certes, les circonstances font les hommes, que la vie ordinaire n'aurait pas révélés : Churchill, de Gaulle pour le bien, Hitler, Staline, Mao pour le mal. Ce sont ceux-là que retiendra l'histoire du XXe siècle. La cohorte des autres échappera à la mémoire collective, plus sensible à la légende qu'aux faits. Pourtant, le mérite n'en fut pas moins réel pour certains d'entre eux, que la décadence de leur pays insupportait, de conduire à marche forcée son redressement. Margaret Thatcher l'a fait dans son obstination à conjurer le déclin britannique. Avec succès, au prix d'une volonté farouche qui n'épargnait personne, amis ou adversaires, mais hélas pour une sortie du 10 Downing Street peu glorieuse. S'il est vrai, comme le disait Plutarque, que « l'ingratitude envers les grands hommes est la marque des peuples forts », la Dame de fer n'a pas à justifier pour la postérité de sa qualité de grand serviteur de la Couronne, ni à se plaindre du désaveu et des trahisons qu'elle a subis. Moins spectaculaire mais tout aussi décisive pour le retour à l'insultante prospérité économique de l'Allemagne, après un creux inquiétant à la fin du siècle dernier, la gestion ferme mais habile des affaires publiques du chancelier Gerhard Schröder a relancé le miracle allemand. Sans pourtant que les électeurs lui renouvellent leur confiance au moment d'en récolter les fruits. Au grand bénéfice d'Angela Merkel qui en fait son miel.

On le croyait un aigle

Pour en finir avec ces déceptions successives, en 2017, « on attendait Godot ». Le peuple français, dans sa majorité, a misé sur un inconnu qui a surfé sur le dégagisme de la cohorte des vieux routiers de la politique plébiscité par le peuple. On lui trouvait l'avantage d'être jeune, bien diplômé, libre de tout passé partisan fâcheux à l'exception d'un court passage au ministère des Finances sous Hollande. C'était oublier qu'il est imprudent de confier une telle charge à un jeune homme qui n'a aucune expérience d'élu local, ni de parlementaire, aucune connaissance du peuple dont il a été protégé des épreuves dès sa naissance. Était-il vraiment « sachant » celui qui tordait l'histoire en défaveur de son pays selon le besoin de ses voyages officiels à l'étranger? Son autoritarisme a choqué; sa repentance au nom de la France pour son passé colonial dont elle n'a pas à rougir a irrité les Français: les militaires, les administrateurs, les enseignants, les citoyens qui ont contribué à la protection et au progrès de ces pays en voie de développement, lesquels, pour la plupart, ont gaspillé les acquis de la colonisation sans en corriger les dérives. On s'inquiète de sa foi européenne affichée au prix d'un leadership abandonné à l'Allemagne, d'un fédéralisme qui confierait à l'Union européenne le siège au Conseil de sécurité de l'ONU que détient la France, seule puissance nucléaire des 27 États membres de l'Union européenne.

Néanmoins, son programme était ambitieux. Mais, au fur et à mesure que passait le temps et qu'on se rapprochait d'une nouvelle élection présidentielle, et avant même que la pandémie ne soit une raison et un prétexte à différer les réformes, la détermination de l'intéressé s'effilochait, la remise en ordre annoncée se dépouillait de son poil à gratter, la procrastination prévalait. On modifiait l'échéancier des mesures impopulaires, on les recoupait en tranches indolores. Or, le gradualisme ne paye pas: il a le double inconvénient de ne rien enlever à la contestation et d'étaler dans un temps toujours trop long la réforme visée, voire de l'hypothéquer. C'est ainsi qu'en peu de temps Jupiter-Macron est descendu de son Olympe. Le charme, s'il en fut, a été rompu. Sa chute de popularité l'a confirmé. C'est alors qu'apparaissent les failles cachées de l'homme, celles que n'avait pas révélées un parcours trop classique et peu exposé aux épreuves de la vie.

Alors, pour conjurer le mauvais sort, il a poussé les feux sur ce qui ne fâche personne : la nébuleuse du réchauffement climatique, l'Europe unie, sans préciser laquelle ni comment. Le tout pour surseoir à l'essentiel, comme ses prédécesseurs, insensible au fait que le pays continue à décrocher face à ses concurrents. Alors, tout patriote s'interroge : qui relèvera le drapeau ?

À la recherche de grands hommes

Rares sont les « hommes » d'exception. En un millénaire, le France n'en a connu que cinq : Clovis, Jeanne d'Arc, Louis XIV, Napoléon, de Gaulle. Et ce fut chaque fois lors de circonstances exceptionnelles, voire tragiques. Dans le monde actuel, il n'en est qu'un : Poutine pour son pays qu'il relève de la terrible parenthèse communiste.

C'est une évidence pluri-décennale : la France souffre d'un déficit de personnalités politiques décidées à engager les réformes que rendent, pourtant, incontournables l'évolution des techniques en tout genre et l'exacerbation des concurrences commerciales, scientifiques, géopolitiques. Parce qu'elles sont impopulaires dans un pays conservateur et méfiant comme le nôtre et que « la grâce [...] de s'oublier » (Georges Bernanos, *Journal d'un curé de campagne*) a rarement pénétré l'âme des élites politiques françaises du demi-siècle écoulé dont la principale préoccupation fut d'assurer leur réélection. Tel François Mitterrand cachant sa maladie qui relevait d'un *impeachment*: elle aurait dû au moins lui interdire l'accès à un second septennat ; ou Jacques Chirac procédant à une dissolution de l'Assemblée nationale, trop tardive ou trop prématurée, avant de décider de revenir au quinquennat pour accroître ses chances de réélection à la présidence de la République. À l'évidence, cette faiblesse a plus terni leur image laissée à la postérité qu'elle ne l'a magnifiée.

Il n'est pas donné à tous les grands décideurs de ce monde d'être prémonitoires, comme le fut Charles de Gaulle quand il affirmait inéluctable la fin du régime soviétique en ces termes : « La Russie boira le communisme comme le buvard boit l'encre. » En revanche, on peut attendre des gouvernants mieux que la gestion au jour le jour des affaires de l'État ; on espère confusément d'eux un souffle, un challenge, une performance, une ambition pour leur pays qui motive leurs concitoyens et force le respect de l'étranger ; que ce pari soit technique, économique, social ou géopolitique. Dans ce registre ce fut celui de John Fitzgerald Kennedy d'envoyer un homme sur la Lune ; de Charles de Gaulle et de Konrad Adenauer de réussir la réconciliation franco-allemande après les deux guerres effroyables du siècle ; du chancelier Helmut Kohl de décider lui-même, sans consulter son Parlement, l'échange d'un ostmark pour un deutsche mark, gage généreux de la RFA à la RDA pour cimenter la réunification des deux Allemagne.

Le courage d'un homme d'État, c'est aussi de faire la démonstration que l'intérêt de son pays passe avant toute autre considération, y compris son devenir politique. Le chancelier Gerhard Schröder en a fait une brillante démonstration en l'an 2000 par son plan de redressement de l'économie allemande; avec un mérite certain pour ce socialiste qui a libéralisé le marché du travail, baissé les prestations sociales et réformé les régimes de retraite, restaurant ainsi durablement la compétitivité allemande.

A contrario, confrontés à une même crise conjoncturelle par leur faute devenue durable, les Présidents français successifs depuis Valéry Giscard d'Estaing ont laissé filer la dette qui, avant même la pandémie de 2020, dépassait déjà les 100 % du PIB. Le recours à l'emprunt n'aura qu'un temps. Il faudra rembourser des sommes colossales par l'allongement du temps de travail, par un impôt de solidarité qui n'épargnera personne, et braver l'impopularité qui en sera le fruit amer.

Ce sera la grandeur de celui qui en portera le cilice.

Vertu théologale de l'homme public, le courage ne saurait, cependant, se priver de la base qui le justifie: la connaissance éclairée de l'expérience, et le bon sens qui la valorise. Il n'existe pas de grande mission, de grande ambition, qui ne requiert l'appel à ce triptyque de recours et de valeurs.

5e COMMANDEMENT : LA PROBITÉ

À une rigoureuse probité intellectuelle et morale tu t'astreindras.

« L'expérience des hautes fonctions politiques ne saurait faire l'économie des vertus individuelles. »
Aristote

« Le pouvoir est une servitude. » Cette recommandation en forme d'avertissement devrait figurer sur le fronton de l'Assemblée nationale, du Sénat et des ministères. La fierté d'avoir été choisi par le peuple pour servir sa commune, sa région ou son pays devrait se suffire à elle-même, sans qu'une rétribution autre que nécessaire ne vienne entacher le dévouement qu'appelle toute fonction élective. C'est encore fort heureusement cette saine ambition qui motive de très nombreux élus à tout niveau de responsabilité. Mais les tentations sont fortes ; elles sont d'autant plus vives que l'on s'élève dans la hiérarchie du pouvoir. Le démon se présente alors sous des formes diverses. Il séduit, use de tiers : les lobbies, les proches ambitieux et vénaux ; il excite la cupidité, banalise les fautes, éteint les consciences. Et quand la morale naturelle n'est plus transcendée par des valeurs spirituelles, il ne reste que la crainte de la publication sur les réseaux sociaux de leurs forfaits pour dissuader les fraudeurs, et la peur du gendarme pour tempérer leurs appétits. En dépit des risques encourus, le florilège des dérapages est bien nourri. Il s'inscrit dans le concept de « civilisation de la jouissance » analysé par Raymond Aron, l'hédonisme et le culte de l'individualisme de la société dite « postmoderne ». Certes, la corruption n'est pas née avec ce siècle mais elle prospère partout. Et si les petits poissons sont parfois pris dans les mailles du filet, les gros sont plus difficiles à démasquer.

« La corruption des meilleurs est la pire[1] *»*

Les Chinois traduisent de façon imagée cette maxime latine : « Le poisson commence toujours à pourrir par la tête. » L'argent appelle le pouvoir et, en retour, le pouvoir appelle l'argent. Si la plupart des élus de tout niveau ont su se protéger du sentiment de toute-puissance, voire d'impunité, que confère le pouvoir tiré des urnes, quelques-uns n'ont pas résisté à son ivresse jusqu'à estimer qu'ils pouvaient s'exonérer de la règle citoyenne commune. Cela commence généralement par de petites entorses à la droiture portées par l'assouplissement des consciences. Dans les ministères, il faut parfois que ce soient les honnêtes et

1. Pape Grégoire Ier.

modestes personnels des cuisines qui protègent la vaisselle de valeur de la convoitise des ministres sortants indélicats. Pour certains de ceux-là, il n'y a pas de petits profits : se faire porter dans Paris des plats préparés par leur cuisinier pour des dîners d'amis à la maison est un dû. Leur droit d'abuser s'étend à tout : quand on a autorité à répartir les droits gratuits de plantation de vigne servis par Bruxelles et normalement attribués aux lycées viticoles, pourquoi ne pas en distraire quelques-uns pour se constituer un petit vignoble en appellation ? Autre victime de ces indélicats, le Mobilier national, où chaque nouveau ministre peut venir emprunter à durée de mandat des meubles de bureau ou de décor que ce service national ne réussit pas toujours à récupérer. De quoi s'étonner qu'il n'y ait pas d'inventaire à chaque changement de titulaire pour écarter toute tentation d'appropriation du mobilier public.

D'autres élus qui ont fait scandale n'ont pas hésité à se faire habiller chez de grands couturiers par de généreux mécènes dont on s'interroge sur le retour qu'ils en attendaient. Ce furent les cas rendus publics de François Fillon pour 48 500 euros, de Jack Lang pour 200 000 euros, bien que ni l'un ni l'autre ne puissent porter habit aussi bien qu'Alain Delon pour valoriser une signature. Les premières dames de France ou leurs « suppléantes » sont vêtues de toilettes créées à leur intention par nos grandes maisons et nos grands couturiers. C'est, certes, une bonne manière de valoriser l'excellence de la mode française. Il n'y aurait rien à redire si certaines d'entre elles n'avaient oublié de les rendre.

Oublier pour se faire oublier

On oublie beaucoup en ces milieux privilégiés. On oublie de faire sa déclaration de revenus et on a semblé ignorer l'existence même de l'ISF, à tel point qu'on comptait peu de redevables parmi les grands élus. Devrait-on en conclure qu'il n'était guère prudent de confier les deniers publics à ces piètres gestionnaires qui, après une longue carrière politique, déclaraient une fortune personnelle des plus modeste, comme par hasard inférieure au seuil de déclenchement de l'impôt sur la fortune ? Mais le remords n'étant jamais interdit, on a vu un candidat à la présidence de la République découvrir un an avant son élection qu'il était redevable de cet impôt... Tout au contraire, quelle leçon donnée par le général de Gaulle qui, à l'Élysée, payait l'électricité de son appartement alors que « tante Yvonne » achetait ses poulets au marché quand elle recevait sa famille (on en a retrouvé quelques-uns dans la malle de la DS du Général mitraillée lors de l'attentat du Petit-Clamart).

Aujourd'hui, on dépense l'argent des contribuables en superflus privés sans beaucoup de scrupules, n'en déplaise à l'ex-député René Dosière[2], le champion de l'éthique publique. Par vanité et sans grande nécessité, on restaure les salons de l'Élysée à grands frais, sans toujours faire preuve de bon goût, ni de sens de l'économie pour remplacer la somptueuse vaisselle du « Château » amputée de quelques

---

2. René Dosière, auteur de plusieurs rapports sur la transparence de l'utilisation des fonds publics.

pièces majeures qui auraient été brisées par une première dame provisoire, vexée d'avoir été trompée. Et que dire de la prétention des élus de se loger dans les palais de la République après des travaux d'aménagements coûteux payés par le contribuable. Sous cette dérive, des parlementaires ont eu à disposition des HLM de première classe confortablement restaurées et bien situées ou, mieux, des hôtels domaniaux qu'ils n'occupaient pas personnellement. Leurs enfants ou amis ont profité de ces largesses: Fadela Amara, ministre par la grâce de Sarkozy, une « madame sans gêne » sans expérience publique ni vertu particulière, se vit confier un appartement de fonction de 120 mètres carrés dans le VIIe arrondissement chic de Paris, pour loger son frère. Hervé Gaymard, nommé ministre, a fait mieux en choisissant un duplex de 600 mètres carrés rue Jean-Goujon, autre quartier recherché (loyer à la charge de l'État: 14400 euros/mois), tout en ayant à sa disposition à la fois un appartement de fonction au ministère de l'Agriculture et un appartement en propriété à Paris. Le scandale l'éclaboussant, il quitte alors le gouvernement et reprend sa place de haut fonctionnaire; son dossier fiscal disparaît. Épinglée aussi par la presse, Christiane Taubira, ministre de la Justice, s'est vite débarrassée de son « logement social » pour ne pas ternir sa réputation de justicière des puissants. Le registre des bénéficiaires des largesses de l'État ne cesse de s'enrichir; en témoigne le renouvellement par Macron de l'octogénaire Jack Lang à la tête de l'Institut du monde arabe, confortablement doté.

De temps à autre éclate un nouveau scandale; il fait surface et meurt, comme ces bulles de gaz qui montent du marais pour ne polluer l'air ambiant qu'un court instant. Découvert, le fautif sait qu'il lui faut simplement gagner du temps ; aussi, après des démentis d'usage, il mise sur l'oubli pour échapper à la vindicte populaire et sur la relative discrétion des tenants du système pour étouffer toute polémique. Car sortis d'un même moule universitaire, et parfois de la même promotion, les grands élus se flairent plus qu'ils ne s'affrontent vraiment. C'est sur cette indulgence qu'a comptée Ségolène Royal, « ambassadrice des glaces », généreusement rémunérée à ce titre, qui n'a jamais conduit pour autant une mission aux pôles ou participé aux réunions internationales sur le sujet. Aurait-elle reçu ce poste de complaisance en récompense à son dévouement ministériel ? On pourrait le croire quand on connaît les conditions en lesquelles ces missions ont été imaginées par Jacques Chirac pour repêcher un recalé du suffrage universel ou en retour de services rendus. Depuis le début des années 2000, 28 ambassades dites « thématiques » ont été créées au profit de personnalités extérieures au corps diplomatique alors qu'à leur siège de la rue Kléber des ambassadeurs en titre ou en puissance, rémunérés bien sûr, attendent une affectation qui ne vient pas. Les nominations de ces ambassades de convenance seraient, dit-on, de courte durée. Le prédécesseur de Ségolène Royal « aux pôles Nord et Sud », Michel Rocard, ferait-il exception ? Nommé en 2009 par Sarkozy à sa sortie du Parlement européen, il est resté dix-sept ans en poste, jusqu'à sa mort en 2016.

Retraites dorées assurées

Aux exilés de la politique victimes du suffrage universel, on trouve des compensations ; sans trop se préoccuper des critiques dont on sait qu'elles naissent, enflent, puis s'éteignent, la patience en étant le remède le plus approprié. Dans un étrange consensus droite-gauche, on a même créé des organismes nouveaux pour caser un démissionné syndical (Thierry Lepaon, ancien secrétaire général de la CGT) ou des recalés de la politique. Nommée présidente de la Commission nationale du débat public à titre irrévocable (?), Chantal Jouanno, très critiquée par les « Gilets jaunes », a néanmoins choisi d'en garder la confortable rémunération sans en assurer la fonction ! Elle a en effet refusé d'animer le débat national. Jacques Toubon a profité d'un même salaire en présidant un organisme créé en 2011 : le défenseur des droits à qui tout citoyen s'estimant victime d'une administration, d'une discrimination, voire d'irrespect, s'il est en position de faiblesse, peut faire appel et se confier à l'un de ses 500 délégués territoriaux. La justice ne suffirait-elle donc pas à entendre les plaignants ? À cette occasion, on apprend que les très hauts fonctionnaires, en dérogation à la règle générale, peuvent cumuler sans limites salaires et retraites, au-delà d'un plafond mensuel pourtant appliqué à leurs subalternes ; ce qui est le cas de Toubon qui, sous cet avantage de cumul, percevait 30 000 euros par mois ; c'est aussi le cas de Laurent Fabius, président du Conseil constitutionnel, et de quelques autres. Ce triste florilège est révélateur : il est très étendu et on n'est pas plus vertueux à gauche qu'à droite.

Les conseils d'administration des grandes sociétés du CAC 40 où siègent des personnalités françaises et étrangères de bon conseil pour le groupe qui les accueille ont aussi quelques générosités pour maintenir des « ex », hors d'âge, dans leurs instances stratégiques (ce fut le cas de Bernadette Chirac à LVMH). Pratiquement cooptés, les administrateurs de ces grandes maisons sont choisis dans un vivier restreint où tout le monde se connaît et où personne ne boude les jetons de présence.

Méritoires révélations

Fort heureusement, des parlementaires, fidèles à une certaine éthique, résistent à la caporalisation, penchant auquel cèdent tous les partis politiques pour imposer la ligne d'une caste dirigeante, en prenant le risque (qu'on ne leur dispute pas) de s'impliquer dans des affaires sensibles qui mettent en cause le pouvoir. C'est très méritoire parce que l'interpellant peut craindre qu'une foudre vengeresse, ministérielle ou élyséenne, le terrasse. Cette menace n'a fait trembler ni le sénateur Philippe Bas ni le député Olivier Marleix. Le premier s'est illustré à la présidence de la commission d'enquête sénatoriale chargée de mettre à jour les agissements, les passe-droits et les surprenantes promotions et protections dont a bénéficié un certain Alexandre Benalla à la suite de ses interventions musclées lors d'une manifestation de rue en usurpant une fonction de policier. Personnage sulfureux, il bénéficiait de la protection du chef de l'État. Distingué au point d'être nommé lieutenant-colonel de gendarmerie à 26 ans, alors qu'un militaire de carrière doit faire preuve de réelle valeur pour atteindre ce grade au mieux dix ans plus tard, il disposait de quatre passeports dont deux diplomatiques (et pourquoi ?). Assurant la protection d'Emmanuel Macron, il en attendait un statut d'intouchable et l'avantage d'un accès à des informations confidentielles.

Olivier Marleix s'est encore plus exposé que Philippe Bas, car ce qu'il dénonce porte sur la prise de contrôle par les États-Unis d'un secteur industriel stratégique français de sécurité-défense : la production par le groupe Alstom des turbines qui équipent les centrales nucléaires exploitées et vendues par la France. La responsabilité d'Emmanuel Macron, secrétaire général adjoint de l'Élysée en 2014, puis ministre des Finances de François Hollande, est directement engagée dans cette ténébreuse affaire de cession de ces actifs à General Electric. Dans quelles conditions ? L'enquête diligentée par le parquet financier à la requête de Marleix le dira peut-être, sauf si l'obstruction de la majorité LREM parvient à neutraliser la commission d'enquête de l'Assemblée nationale où elle est majoritaire. Elle s'y emploie si ardemment que c'en est suspect. Clara Gaymard, épouse du ministre éponyme et ex-patronne France de ce groupe américain, a été la cheville ouvrière de cette cession, au mépris des intérêts de la France qui n'a plus la maîtrise de sa technologie souveraine, énergétique et militaire. Et c'est pourquoi la fabrication des turbines par Alstom pour équiper les centrales atomiques exportées dans le monde entier ou rénover les « Arabelle » du porte-avions nucléaire *Charles-de-Gaulle* sera désormais soumise au feu vert de Washington. « En même temps », son époux, Hervé Gaymard, est élu président de la Fondation Charles-de-Gaulle. Sans commentaires.

La banalisation des infractions

Si cette transaction n'apparaît pas illégale, elle porte cependant un grave préjudice à la France comme à son image dans le monde, flétrie par la délinquance de ses grands élus. Tel le sémillant et méprisant Jérôme Cahuzac, ministre du Budget, refusant devant le Parlement de reconnaître qu'il détenait plusieurs comptes à l'étranger pour échapper à l'impôt alors qu'il avait notamment pour charge de traquer les détenteurs de capitaux placés dans les paradis fiscaux. Avant lui, Dominique Strauss-Kahn, nommé à la tête du Fonds monétaire international par le consensus de 188 États, s'était couvert de honte pour son agression sexuelle aux États-Unis. L'épidémie de corruption a pris de l'ampleur sous le quinquennat de Macron : au cours des deux premières années, une quinzaine de ministres ont dû démissionner pour « indélicatesses » diverses, jurant, aussitôt pris, de restituer à l'État l'équivalent de leurs détournements. « Mais non, monsieur, madame le ministre, cela ne suffit pas ! » ; la loi commune doit s'appliquer par décision du juge sauf à encourager le « pas vu, pas pris ». Plus incroyable, les intéressés n'ont même pas honte de retrouver leur fauteuil de parlementaire pour se refaire une virginité après leur forfait depuis que tout ministre peut bénéficier, par la disposition Sarkozy 2009, de ce droit au retour à l'Assemblée nationale ou au Sénat. Et pour clore ce chapitre des dérives et des soupçons, n'oublions pas le destin tragique et non élucidé de hautes personnalités politiques de la Ve République réellement ou faussement suicidées : Boulin, Fontanet, de Broglie, Bérégovoy, de Grossouvre.

« La politique est l'ensemble des procédés par lesquels des hommes sans principes mènent des hommes sans mémoires. » (Jean Mistler). Voltaire n'était pas tendre avec les premiers, ni désappointé par les seconds dont il connaissait la versatilité. Le XXIe siècle n'a pas changé la donne. En dépit de l'abondance de l'information sonore, écrite, en images et des *news*, *fake or not*, l'esprit girouette reste une caractéristique française qui voue le lendemain même aux gémonies ce qu'elle a adoré la veille. Ou, à l'inverse, manifeste de l'indulgence à qui ne le mérite pas. De manière générale, pour un homme politique, l'enfer ne dure pas. Il n'est pas rare que le suffrage universel déculpabilise les fautifs en les rétablissant dans leurs fonctions antérieures à la première occasion. Une clémence qui contraste avec le label du « tous pourris » attribué injustement à la classe politique. Elle démoralise les meilleurs et libère de toute contrition les coupables, considérant qu'il leur suffit de réparer le préjudice financier subi par l'État pour être blanchis. Sous l'avalanche des événements et autres condamnations de tiers qui relativiseront d'autres écarts de conduite, l'oubli fera le reste. Pourtant, la justice a ses codes pour juger les délits, son arsenal de sanctions pour les réprimer. Mais ne serait-elle pas plus indulgente avec les grands élus qu'elle ne l'est avec les citoyens ordinaires ? Pour mettre fin au scandale de l'immoralité publique, il n'est pas d'autre remède que de déclarer inéligible à vie tout élu condamné, et d'aggraver les peines encourues pour défaut d'exemplarité. Le casier judiciaire vierge doit être le passeport de tout élu.

L'omerta pour raison d'État ?

Parmi les fautes des élites, la dissimulation pour raison d'État serait-elle acceptable ? Que penser par exemple de l'explosion d'un stock de nitrate d'ammonium à l'usine AZF de Toulouse, qui a tué 31 personnes et blessé deux milliers d'autres ? Immédiatement rendu sur place, le procureur de la République déclarait de façon péremptoire que c'était un accident. Fallait-il qu'il en soit un pour ne pas inquiéter la population en écartant d'emblée la piste criminelle ? Des avis de personnalités scientifiques vont dans le même sens du doute, en relevant d'autres indices et en contestant que l'origine de l'explosion ait pu être un mélange fortuit des produits chimiques accusés.

Le dramatique incendie de Notre-Dame de Paris, annoncé accidentel sur-le-champ par le préfet de police de Paris, suscite les mêmes soupçons. Comment, en effet, la charpente de l'édifice a-t-elle pu s'enflammer aussi brutalement une heure après le départ du chantier des derniers ouvriers ce soir-là et, comme il est affirmé, à partir d'un feu couvant que le système de détection le plus sophistiqué d'Europe n'aurait pas détecté ? Un entrepreneur vosgien qui a traité cette charpente un an auparavant contre les insectes confirme le doute sur la version officielle du moment, expliquant qu'un bois de chêne vieux de neuf siècles ne s'enflamme pas comme du sapin mais exige un foyer déjà nourri à moins que le feu ne soit stimulé par des carburants extérieurs. Le jour du drame, le secrétaire d'État à l'Intérieur annonçait à la télévision qu'on avait relevé deux départs de feu, mais il se reprit le lendemain en déclarant qu'aucun élément n'indiquait une origine criminelle. C'est à ce moment-là qu'on se souvient de l'interpellation, en 2016, de cinq femmes djihadistes qui avaient abandonné leur véhicule contenant six bonbonnes de gaz près de la cathédrale.

Victimes du mensonge d'État

Le positionnement de l'élu est incontestablement difficile au regard des conséquences que peut générer la sincérité de son propos, mais l'honnêteté de son discours ne lui interdit cependant pas de distiller la vérité dans le temps pour la rendre acceptable. Ainsi en fut-il du « Je vous ai compris » du général de Gaulle à Alger, face à une opinion majoritairement acquise à l'Algérie française, avant que ne s'impose le réalisme des faits démographiques et géopolitiques ; mais aussi pour que, dans une même logique de décolonisation devenue inévitable, l'Afrique noire bénéficie du droit à l'indépendance sans avoir recours à l'embrasement de révoltes successives. L'habileté politique donne-t-elle cependant le droit au mensonge? Un peu, sans limites ou pas du tout? Par action, par omission? Bien malin le moraliste qui peut répondre avec certitude chaque fois que la cause semble justifier une entorse à la vérité, fût-elle passagère. Le mensonge d'État entrerait-il dans la catégorie des tromperies utiles? On cherche dans l'histoire un exemple où la fin justifierait le moyen. En revanche, on a connu d'énormes dégâts directs et collatéraux à la suite de décisions étayées par des affirmations sans fondement. La deuxième guerre d'Irak en est un cas de figure dramatique. On se souviendra que sous l'accusation des États-Unis et de la Grande-Bretagne de la détention, par Saddam Hussein, d'armes de destruction massive chimique, biologique, nucléaire et balistique, la guerre a été déclarée à l'Irak et conduite par les États-Unis et le Royaume-Uni de leur propre chef sans l'autorisation de l'ONU et malgré la ferme opposition de la France soutenue par l'Allemagne, la Russie et la Chine. À l'issue de ce conflit entre des forces déséquilibrées, qui aurait fait 1 million de victimes en Irak, dont les trois quarts civiles, 400 000 militaires de l'armée en débandade de Saddam Hussein ont rejoint Daech sur place et plus tard la Libye, livrée au chaos, déstabilisant le Moyen-Orient et l'Afrique subsaharienne. Dix ans plus tard, les grands acteurs politiques de l'époque ont fini par reconnaître leur grossier mensonge. Tony Blair, ancien Premier ministre britannique, en convient; George W. Bush le laisse entendre; Colin Powell, lui qui, berné par la CIA, avait produit à la tribune de l'ONU pour preuve de danger biologique un tube contenant des spores d'anthrax à l'origine de fièvre charbonneuse mortelle, reconnaît sa faute. Cette guerre préventive déstabilise le Moyen-Orient depuis vingt ans sur parfum de pétrole et sous prétexte d'imposer une démocratie de type occidental à qui n'en veut pas. Ce fut une faute politique délibérée et gravissime aux conséquences qui s'éternisent dans la souffrance des peuples agressés.

La responsabilité d'élu a ses noblesses mais elle a aussi son exigence, une droiture sans faiblesse.

6e COMMANDEMENT : L'HUMILITÉ

Humble tu resteras dans l'accomplissement de ta tâche comme dans tes relations avec tes mandants.

« Dans les grandes actions,
il faut uniquement songer à bien faire,
et laisser venir la gloire après la vertu. »
Bossuet, oraison funèbre du prince de Condé

Plus on s'est élevé dans la hiérarchie humaine, plus il est méritoire de n'être ni craint ni courtisé. S'y attacher peut se révéler une sage précaution, car les revers de fortune sont monnaie courante en politique, comme sont incontournables les fins de carrière qui éteignent les projecteurs de la gloire. Et il est parfois tragique qu'au bout d'un long et brillant parcours, une forte personnalité, n'ayant pas su rompre ses attaches pour en créer de nouvelles mieux adaptées à la tranche de vie à laquelle elle accède, sombre dans la nostalgie qui précipite sa fin. Pour ne pas l'avoir compris, des dieux éphémères de l'Olympe national ont vécu de mornes retraites. Certes, il n'est pas donné à tout le monde de retourner sagement à sa charrue, comme le fit Cincinnatus, sauveur de la République romaine en péril, ou George Washington se repliant sur ses terres après avoir arraché aux Anglais l'indépendance des États-Unis. Mais il existe à tout âge et en tout lieu des reconversions possibles, personnellement satisfaisantes et socialement utiles, qui ne portent pas ombrage aux générations montantes.

Garder une certaine distance tout en restant proche des gens est un équilibre qui requiert une grande maîtrise de soi en même temps qu'une empathie naturelle pour son prochain, sans ostentation. Certes, on n'exigera pas de l'élu qu'il s'exerce aux cinq degrés d'humilité décrits par saint François de Sales, au prix d'une reconnaissance objective et non surfaite de soi-même qui le conduirait non seulement à tolérer la critique, mais à la désirer autant par mortification que par désir d'y répondre. Mais déjà, si le « Connais-toi toi-même » de Socrate était mis en pratique, il éviterait les débordements d'ambition et les complexes de supériorité sans fondement que révèle parfois et encourage l'exercice du pouvoir.

Une exigence pour l'élu : le respect du peuple

Le « règne » politique est le milieu où les adeptes du paraître ont le plus de chances d'accéder à de hautes responsabilités parce qu'il suffit de réussir à s'y faire élire alors que dans le secteur privé, gravir les échelons au sein d'un groupe ou d'une entreprise est un autre défi. Ce devrait être, pour l'élu, une raison de plus pour témoigner d'une grande modestie auprès de ses mandants. À défaut, on assiste à des dérives, à des suffisances préjudiciables au bien commun ou vexatoires pour autrui, jusqu'à ce qu'un événement fortuit ou une circonstance exceptionnelle éclaire la vraie personnalité du promu. Jamais l'arrogance de la caste des nouveaux élus nationaux, qui n'ont rien démontré de leur capacité à gérer le domaine public, n'a été aussi mal ressentie et contestée par le peuple, conscient désormais qu'on l'abuse ou, pire, qu'on le méprise. Les derniers présidents de la République, Nicolas Sarkozy, François Hollande et Emmanuel Macron, par leur comportement et leurs lapsus, ont accru la distance entre les chaumières et l'Élysée. Le premier par la publicité donnée à sa pleine conscience d'appartenir à l'*over class* (sa Rolex, la soirée au *Fouquet's*, la croisière sur le yacht de Bolloré, les vacances princières en Égypte…) tout en pratiquant des sports populaires, déguisements compris, sous les caméras de la télévision pour compenser son penchant à fréquenter le monde du luxe. Le deuxième, « mort vivant » à l'Élysée et sur la scène internationale, selon le *New York Times*, plus discret dans ses écarts ou cherchant à l'être, a laissé imprudemment échapper en mot d'esprit son mépris pour les gens d'en bas qualifiés de « sans-dents ». Quant à l'actuel Président, il tire à dessein Jupiter de la mythologie romaine pour le réincarner dans le suivi de l'incroyable ascension de l'inconnu qu'il était, devenu, par la grâce de mentors financiers et politiques à visages cachés, le vainqueur inattendu de la présidentielle. Alors, dans l'orgueilleuse euphorie de son succès, son autoritarisme ne connaît plus de retenue ni envers les siens à qui il impose le silence dans les rangs, ni dans le mépris de ses opposants politiques, ni dans sa dénonciation d'une « lèpre populiste », sa traduction du retour à la fierté nationale des peuples européens (discours prononcé à Quimper en juin 2018). La réponse à ce césarisme hors du temps ne s'est pas fait attendre : une génération spontanée de « Gilets jaunes » tenaces, conteste son *imperium* hautain et un nombre croissant d'États membres et de populations de l'Union européenne rejette son credo européen supranational dont on ne sait s'il est sincère ou d'opportunité.

Du bon partage des pouvoirs

La condescendance des édiles qui s'agitent au cœur du pouvoir n'a cessé de croître depuis que les politiques issus de la Résistance, moins fiers d'eux-mêmes que le sont ceux d'aujourd'hui alors qu'ils avaient pourtant de bonnes raisons de l'être, ont laissé la place à une autre génération d'élus. Désormais, la majorité des parlementaires est issue des villes dont le poids démographique ne cesse de croître[1] ; en conséquence, elle n'a plus le contact avec le peuple qui, en réponse, se désintéresse de la chose publique ; ses votes sont devenus protestataires. Autre raison de la perte du dialogue : la nouvelle composition du Sénat, chambre

1. Un député alsacien de la banlieue de Strasbourg signalait avec humour qu'en parcourant 500 mètres il avait fait le tour de sa circonscription… tout en hauteur.

censée représenter les territoires plus que les populations. Elle s'est modifiée sous l'effet de la profonde transformation-répartition de son corps électoral, là encore en faveur des villes et au détriment des campagnes. La désertification du milieu rural en est une première conséquence et la disparition des terres cultivables une seconde, à raison d'un département agricole tous les sept ans. D'où cette question : aurait-on besoin d'une chambre *bis* pour tempérer les ardeurs de l'Assemblée nationale ou bien d'une assemblée de sages qui revoit dans le temps et dans l'espace l'évolution des lois ? La démocratie souffre de ces dérives auxquelles s'ajoutent celles des hauts fonctionnaires de la Commission européenne, habiles à jouer des conflits d'intérêts entre les États membres, « sûrs d'eux-mêmes et dominateurs », pour décider de leur propre chef ce qui est bon pour les citoyens du Vieux Continent et ce qui ne l'est pas. En milieu rural, les maires et les conseillers départementaux ont perdu de leur pouvoir, récupéré par des communautés de communes qui s'étendent parfois sur plusieurs cantons et monopolisent les compétences locales au prix du développement d'une administration pléthorique. C'est pourquoi les incompréhensions subsistent, les exigences grandissent, la contestation s'en nourrit, le dévouement se perd. L'architecture et l'articulation des structures et des pouvoirs ainsi modifiées ont porté atteinte au civisme des Français et nuit au dialogue entre dirigeants et dirigés. La contestation des « Gilets jaunes » est née de ce divorce, dans le sentiment irritant pour eux d'être entraînés dans un engrenage économique et social sur lequel ils n'ont pas prise et qui fait d'eux des instruments.

En contrepoint, on aimerait connaître la recette des pays scandinaves qui ont réussi à éviter cette fracture entre leur population et leurs élus. Serait-ce parce qu'on s'y retrouve là-bas, dans la rue comme au sauna, toutes catégories sociales confondues ? Ou bien est-ce qu'instruits des recommandations de l'empereur-philosophe romain Marc Aurèle, les élus auraient renoncé à toute suffisance ; et au-delà à toute protection, jusqu'à l'imprudence pour les plus engagés au risque d'une agression, comme en fut victime le Premier ministre suédois Olof Palme assassiné en pleine rue à Stockholm ? À l'évidence, tout doit rester dans la mesure.

La domination des sachants

L'indifférence populaire pour la chose publique n'est pas une fatalité que produiraient la complexité de la vie et la croissance de l'individualisme. Elle tient dans le renoncement des élus à éclairer les citoyens sur les grands enjeux et les raisons de leurs choix. Par paresse ou manque de considération ? Ce ne fut pas le cas dans une circonscription de Lorraine lors du référendum de 2005, appelant le peuple français à se prononcer sur l'adoption ou non d'une Constitution européenne. Car, pour respecter la liberté de ses électeurs et plutôt que de reprendre à son compte les arguments polémiques ou éculés de son parti militant pour un vote favorable, le député du lieu, hostile au projet, décida d'organiser une confrontation publique à l'américaine arbitrée par un médiateur. Elle l'opposait à un universitaire de talent en faveur du « oui ». Dans le plus grand respect de l'autre, devant 600 électeurs attentifs et silencieux, les « adversaires » ont exposé leurs arguments aux auditeurs d'influence. Si le rejet du projet à près de 60 % dans la circonscription en cause avait son importance, celle de la méthode conduite autorisant un choix éclairé, à l'opposé de la confiance aveugle qu'appellent trop de « sachants », n'en avait pas moins.

Rester humble ne conduit pas pour autant à se mésestimer. « L'humilité ne consiste pas à se considérer comme inférieur, mais à être affranchi de l'importance de soi » (Matthieu Ricard). Ce sage conseil n'est guère suivi. En témoigne l'effondrement aux européennes de 2019 de plusieurs partis politiques, victimes de la pléthore de candidats qui se sont ingéniés à se détruire entre eux plutôt que de s'attacher à leur mission : contribuer loyalement au combat commun pour la conquête du pouvoir sur la base d'un idéal partagé. À défaut, la querelle des ego s'est exacerbée, comme ce fut le cas au parti Les républicains (LR) et la gangrène s'est étendue, mortifère : elle avait déjà ouvert le champ lors de la dernière élection présidentielle à un nouveau venu porté par un tsunami politique, que son succès inattendu a rendu immodeste. Au risque que, déçu, le peuple se désintéresse de la vie publique et finisse par dénigrer, par détester le monde politique, toutes sensibilités confondues.

À l'école du terrain

L'humilité, c'est un état d'esprit qui n'est pas de « se mettre à la portée des gens » jusqu'à tomber dans la démagogie, ou à leur manifester une condescendance pire que le mépris. C'est une ouverture à l'autre pour l'inviter à se valoriser à partir de ce qu'il connaît ou de ce qu'il maîtrise en contrepartie de ce qu'on lui apporte en ce qu'il ignore. Rien de mieux qu'un mandat parlementaire pour découvrir la ressource humaine d'une population riche de ses savoir-faire, de la diversité des situations et des métiers pratiqués, de la générosité quotidienne de ses acteurs, courageux dans l'adversité, mais que révoltent, et pour cause, les turpitudes de ses élus. Rechercher l'échange est enrichissant, encore faut-il s'en donner la peine. Un élu avouait récemment qu'il avait beaucoup appris de citoyens qui n'avaient eu pour école que celle de la vie. Sa vision du monde qui l'entourait en avait été modifiée. Elle avait éclairé son mandat et changé son comportement autant dans la considération qu'il portait à ses administrés que dans sa mission de législateur à l'Assemblée nationale pour garder à l'esprit que la qualité d'une loi est d'être applicable et comprise par le commun des mortels.

Des modèles de simplicité

La simplicité est le premier gage d'une humilité naturelle non factice ; elle se reconnaît dans le refus de se croire indispensable, de briller partout, tentation du monde d'aujourd'hui où les paillettes remplacent le talent, trop facilement qualifié d'« immense » par les médias en mémoire d'artistes populaires défunts quand des personnages de grande qualité et de grand mérite partent sans être accompagnés des éloges qui leur seraient dus.

Il en est ainsi de François Michelin, grand patron de la célèbre marque de pneumatiques, dont les succès à la tête de son entreprise n'ont entamé ni son mode de vie initial ni son altérité naturelle ; il est resté toute sa vie un modèle de simplicité, affirmant que « ce qui reste d'une existence, c'est ce qu'on a appris des hommes de toute condition ». Il en était si convaincu que dès son plus jeune âge, délaissant ses études, il est entré dans le groupe familial à un poste d'ouvrier ajusteur sous une fausse identité. Durant quatre ans, il s'est ainsi familiarisé avec le monde du travail en participant à son quotidien de labeur et de fatigue, mesurant les capacités du personnel de la société à adhérer à un projet qui, plus tard et sous son autorité, a permis à Michelin de passer en deux décennies de la vingtième place au premier rang mondial des fabricants de pneumatiques. Lors des épreuves survenues plus tard, financières et humaines, la confiance lui a été maintenue en dépit de la réduction obligée du personnel jusqu'au rebond de l'entreprise. À ses obsèques, ils étaient là, cadres et ouvriers, unanimes à saluer leur exceptionnel patron, lui qu'on ne distinguait pas dans une foule, portant son classique imperméable beige clair, lui que, encouragés par sa bonhomie et son humanité, ils abordaient sans crainte, se sachant compris et profondément respectés.

Autre exemple d'humilité : la discrétion de Mme de Gaulle, l'épouse du Général. Elle a trompé le monde sur sa réelle personnalité. Même Malraux, un familier du couple, a reconnu qu'il l'avait jugée hâtivement conventionnelle et effacée. Il n'en fut rien. Au-delà du soin de protéger sa famille, être la conjointe d'un tel personnage ajoutait à la difficulté de trouver son rôle auprès de lui dans ses missions militaires et politiques. De rares témoins et historiens évoquent son courage, sa vie précaire avec les siens à Londres durant la guerre et son cruel ressenti des critiques envers le Général comme celui de ses revers auprès des Alliés. À l'Élysée, elle ne se sentait pas chez elle : « Nous voilà en meublé », aurait-elle dit en arrivant au Palais. Mais si elle a su gagner la sympathie des Français, c'est parce qu'on lui reconnaissait une scrupuleuse honnêteté dans son souci de ne pas dépenser l'argent public mis à sa disposition, comme le firent gaillardement celles qui l'avaient précédée (ou plus tard qui l'ont suivie) au « Château ». Elle était intraitable sur le respect de la séparation entre la vie publique et la vie privée ; rigoureuse sur la tenue des femmes à l'Élysée, collaboratrices ou invitées. La minijupe y était proscrite pour les unes comme pour les autres et la robe plus que conseillée lors des réceptions. À la surprise malicieuse du Général, Brigitte Bardot se permit d'y faire exception en arrivant au Palais cheveux épars, en pantalon et redingote de hussard à brandebourgs dorés. « Chic, un militaire ! » s'écria de Gaulle, amusé. Peu après, il la choisissait pour incarner le visage de Marianne dont le buste a siégé dans toutes les mairies de France. Fervente catholique,

Mme de Gaulle, jugée conservatrice, n'était cependant pas rigide sur l'évolution contrôlée des mœurs ; on dit même qu'elle aurait soutenu auprès du Général réticent le projet de loi Neuwirth sur la contraception orale pour éviter le recours à l'avortement. À l'évidence, l'histoire lui rend justice : elle a tenu son rang de première dame de France avec tact, modestie et distinction sans perdre ou dédoubler sa personnalité pour y faire face.

Toute société humaine produit des personnages de grande valeur, mais il est assez rare d'en rencontrer qui suivent le conseil de Cicéron : « Plus on est placé haut, plus on doit se montrer humble. » Ce n'est pas en effet le penchant naturel des hommes politiques généralement plus portés à l'autosatisfaction qu'à l'autocritique… jusqu'au moment où la ferveur populaire les abandonne sur le chemin de leurs certitudes.

7e COMMANDEMENT : LA TOLÉRANCE

La tolérance tu observeras sans renier tes propres convictions.

La société française est à ce point désorientée qu'elle ne sait plus où se situe le curseur entre la licence et le droit. La justice elle-même fonde de plus en plus ses jugements sur des jurisprudences qui sont des applications « ajustées » de l'esprit de la loi, par souci de s'attacher aux réalités complexes du monde moderne. Et c'est ici que la tolérance prend sa source et sa manne. Politique, sociale ou religieuse, elle est considérée comme un dogme et, pourtant, elle n'a jamais été aussi malmenée, plus cependant par excès d'usage que par insuffisance. La faute en incombe autant au manque de caractère qu'au trop-plein d'indulgence des acteurs publics comme des citoyens.

Admettre des manières de penser et d'agir différentes des siennes n'oblige pas à renoncer à celles-ci. Tout au contraire, cette prise en compte du sentiment d'autrui permet d'accroître ou d'amender ses certitudes de l'éclairage de la pensée des autres. La tolérance en forme d'humilité n'est pas seulement, comme l'affirmait Jules Lemaître, « la charité de l'intelligence », elle est pour l'élu un moyen de comprendre ses administrés dans leurs frustrations, dans leurs certitudes, leurs refus, et d'apprécier leurs aspirations à l'aune des siennes. C'est ce que les élites de la nation issues des grandes écoles, sans expérience populaire ni civique, ont les plus grandes difficultés à saisir. Un mur d'incompréhension les a séparés des « Gilets jaunes » dont la radicalisation par déception a conduit à une intolérance réciproque.

Le chassé-croisé droite-gauche mortifère pour la France

Les insuffisances du débat démocratique qui sont la cause du divorce entre le peuple et ses élus naissent au cœur du pouvoir central, plus préoccupé de querelles politiciennes que de recherche de consensus, culture plus germanique que latine. En conséquence, ce sont les passions qui dominent le dialogue et l'échange, tout particulièrement à l'Assemblée nationale. Les lois qui en sont issues sont alors marquées de sectarisme et d'esprit de revanche à chaque changement de majorité. On en vient à ne plus admettre l'autre sous couvert de jugements péremptoires et d'un ostracisme sélectif qui n'est pas sans arrière-pensées électorales. Le Rassemblement national (RN) en est une première victime, instrumentalisé dès le début de son existence par la gauche pour fragiliser la droite et la fragmenter: un scénario qui dure depuis quarante ans, et dont celle-ci ne sait pas comment, ou n'ose pas, se dépêtrer. Au point d'en rajouter pour laver plus blanc que blanc. Au point de préférer une déroute électorale (les européennes de 2019) à tout rapprochement, fût-ce sans perte d'identité, pour sortir la France du cycle maléfique de son déclin. À cette alliance, fondée sur un pacte de gouvernement consacré aux défis majeurs de notre société à relever, un seul leader de droite s'est risqué : le gaulliste Nicolas Dupont-Aignan au second tour de l'élection présidentielle de 2017. C'est moins la maladresse de Marine Le Pen qui a conduit cette tentative à l'échec que la mobilisation des bobos de droite et de gauche bien-pensants, des médias dans leur quasi-unanimité en conditionnant le peuple, de l'Église que n'a pas effrayé l'engagement du candidat Macron en faveur de la PMA, qui, inévitablement, précédera la GPA, du grand patronat et de la finance sur la promesse d'être bien servis. Grâce à eux et une fois encore, le « système » l'a emporté sous l'artifice du « Il faut que tout change pour que rien ne change ». La vindicte de ces coalisés s'est déchaînée contre le tandem iconoclaste en insultes de caniveau, en propos haineux (« peste brune »), en agression contre la famille, les enfants (à l'école et dans la rue) des deux « félons ». Dans le camp hétéroclite qui se dit le défendeur *du bien* revinrent en scène sur le thème de la patrie en danger de dérive fasciste (pas moins !) le piteux Fillon, l'inexistant Hamon, le caméléon Le Maire, le fêtard de Rugy et quelques autres opportunistes, rescapés des étapes précédentes.

Une logique républicaine partiale

On eût aimé une réprobation aussi unanime quand François Mitterrand introduisit le parti communiste dans le deuxième gouvernement Mauroy alors qu'en Union soviétique on déportait, on emprisonnait, on torturait, on assassinait encore pour simple délit d'opinion. Le communisme en vigueur reconnu coupable de 100 millions de morts au siècle dernier est absous. En revanche, le Rassemblement national, bien qu'il n'ait jamais contesté le verdict des urnes, ni été interdit par quelque décision de justice que ce soit, est vomi par des hypocrites de la morale politique. Ont-ils songé que tolérer, promouvoir le mépris du Rassemblement national, le lynchage permanent de ses dirigeants, c'était étendre l'opprobre à des électeurs – ils étaient 5 millions aux européennes de 2019 et 10 millions à la présidentielle de 2017 – qui l'appellent par leur bulletin de vote, et c'est leur droit, à remettre de l'ordre dans le pays exposé à des dangers que veulent ignorer les actuels tenants du pouvoir tout comme leurs prédécesseurs ?

Une information biaisée

Sursaturé d'informations par les réseaux sociaux autant que par les médias, le citoyen ne peut guère compter sur les débats télévisés pour éclairer ses choix. Ce serait pourtant le moyen privilégié de lui donner des éléments de jugement sur les élus et les politiques qu'ils préconisent. Mais trop rares sont les journalistes qui maîtrisent cette forme de confrontations quand ils ne les ont pas à l'avance orientées par la sélection partisane de leurs invités. Leur déroulement est souvent incohérent, polémique, voire inaudible, quand, à dessein, les intervenants se coupent la parole, cherchent à surmonter en puissance celle de leur opposant ou à lui confisquer son temps de parole par la méthode bien connue du « Taisez-vous, vous avez tort ». Trop peu d'émissions échappent à cette dérive. Comme à cette autre qui oppose les journalistes entre eux alors qu'ils ne sont que les critiques et non les acteurs de la vie économique, sociale et politique. On est parfois stupéfaits de l'outrecuidance de certains jeunes gens, chroniqueurs ou reporters à peine sortis de leurs études, qui, avec la plus grande assurance, portent des jugements définitifs sur les hommes et sur les événements du monde, anciens et actuels. Rien à voir avec leurs collègues plus matures qui sont allés au front et que les dures réalités de la guerre ou du drame rendent plus prudents et plus modestes dans leurs commentaires.

L'invective au quotidien

Il est bien loin le temps où la tolérance était à la fois une forme d'éducation et de respect. Les élus en donnaient l'exemple. Aujourd'hui, l'invective a pris la place de l'éloquence. Certes, les noms d'oiseaux entre parlementaires ne sont pas nés avec la Ve République, mais la vulgarité a remplacé l'humour ; en harmonie avec le relâchement de la tenue vestimentaire au Parlement qui nuit à la solennité des débats. L'insulte est un corollaire de la liberté de la presse, paraît-il, c'est pourquoi elle relève seulement du tribunal civil. Quand on y ajoute l'indulgence des juges sur ce genre de faits au nom de la tolérance, on peut croire que tout est permis. S'inquiétant de la progression de la grossièreté et de la haine manifestées par des élus à l'encontre de leurs adversaires, plusieurs gouvernements avaient proposé d'inscrire ces outrages dans le droit pénal commun. Ils y ont rapidement renoncé sous l'accusation de liberticide.

Des journalistes la bride sur le cou

La profession n'accepte même pas un conseil de l'ordre du journalisme, comme il en existe un pour chacune des professions libérales. Alors quel citoyen maltraité peut se défendre, face à la puissance d'un groupe de presse qui soutient mordicus son journaliste dans une lutte pot de fer contre pot de terre dont on connaît l'issue par avance ? Une autre proposition plus ancienne, d'origine parlementaire, a connu le même sort. Il s'agissait de confier à une autorité d'établissement public un droit de réponse à une contrevérité scientifique troublante pour le citoyen. Elle n'a même pas été retenue en proposition de loi, ce qui veut dire qu'aucun parti ne l'a soutenue. Depuis, face au délire écolo et aux faux témoins scientifiques pris en flagrant délit de manipuler les expérimentations pour en tirer des conclusions mensongères, six académies françaises ont revendiqué la création d'un Haut Conseil de la science et de la technologie auprès du Conseil supérieur de l'audiovisuel. En vain. La presse ne souffre d'aucune contrainte de l'État, le principe est acquis depuis 1881, *ne varietur*, malgré la concentration de son pouvoir en quelques mains, la diversification et l'ampleur de ses moyens. En revanche, elle n'en accepte pas la contrepartie logique : l'abandon de l'aide publique directe et indirecte à la presse écrite, qui approche le milliard d'euros en 2018, le contribuable étant sollicité à son corps défendant pour équilibrer les comptes de journaux qu'il n'a pas forcément envie de lire et encore moins de subventionner.

La faiblesse, mère de grands maux

Si les défauts ne sont jamais que des excès de qualité, le laxisme est bien la tentation des faibles, de ceux qui sont bien avec tout le monde pour ne s'opposer à personne. Dans cette catégorie de citoyens, on rangera les soumis au politiquement correct. Ils forment un gros bataillon parmi les élus. Il est vrai qu'au sein de tout parti politique celui qui n'est ni courtisan ni intrigant a peu de chances de prendre du galon. Sauf à montrer les dents pour ne pas être poussé sur la touche. Le politiquement correct est la bible hors de laquelle c'est l'enfer pour qui prétend s'en exonérer. L'antiracisme et l'autoflagellation en sont les déclinaisons privilégiées.

L'antiracisme serait la vertu du respect de l'autre s'il ne s'était pas mué en idéologie à sens unique. Cette religion nouvelle a ses procureurs : SOS Racisme et ses émules ; son public actif: les musulmans fanatisés; ses sympathisants: les banlieues arabisées, mais aussi ses victimes innocentes, choisies ou anonymes (journalistes, militaires, prêtre, Juifs, Bataclan, Nice, Strasbourg...). Elle est tolérée et parfois financée pour raisons électorales par des politiques complices, ou faibles par tempérament, ou par manque de soutien des autorités supérieures pourtant à l'abri des menaces et du chantage. Dans les plus hautes sphères de l'État, l'indulgence est de mise, le silence sur les faits imposé, l'amalgame dénoncé, l'excuse de la discrimination prétendument subie affirmée, alors que s'étendent « les territoires perdus de la République ». Au nom de la tolérance ?

Les **mea-culpa** *de la lâcheté*

La repentance est un autre registre qui conduit au même résultat: culpabiliser le peuple de France; en revisitant l'histoire et plus particulièrement la colonisation dans une lecture accusatrice des événements et des hommes qui l'ont assumée, au mépris de toute objectivité. À tel point qu'« on ne célèbre plus les morts pour la France, mais les morts par la France » (Régis Debray): un masochisme intentionnel transmis aux jeunes par les livres scolaires et propre à cultiver le ressentiment de plusieurs générations d'immigrés issus d'anciennes possessions françaises pourtant tenues durant des décennies en « état d'assistance respiratoire », selon des historiens de renom, parmi lesquels Jean Sévillia. Le « devoir de civilisation » de la France invoqué par Jules Ferry est moqué par ceux-là mêmes qui se réclamaient de sa philosophie politique. Le langage s'adapte pour ne pas vexer : ainsi sont labellisés « premiers » les arts primitifs. Au-delà, ce sauve-qui-peut culturel laisse la place à des outrances verbales qui finissent par créer les conditions d'un désordre redoutable. Le roman national, épopée d'un millier d'années, en est profondément affecté. Ce qui confirmera que « les civilisations ne meurent pas assassinées, elles se suicident », comme l'affirmait l'historien britannique Arnold Toynbee. Les philosophes déconstructeurs n'en demandaient pas plus.

La laïcité à sens unique

Depuis la nuit des temps, l'intolérance religieuse a été à l'origine de querelles et, pire, de guerres, de croisades sans merci, parce que l'enjeu n'était pas seulement territorial. Il procédait pour les belligérants des camps opposés d'une mission divine : la volonté d'étendre sur Terre, y compris par le fer et par le feu, le royaume de l'Éternel en qui ils avaient foi. « Dieu de Clotilde, si tu me donnes la victoire, je me ferai chrétien », s'écriait Clovis et son peuple avec lui, à la bataille de Tolbiac. Portés par cette foi, les combattants n'en étaient que plus motivés quand leur mort glorieuse leur ouvrait le ciel. L'émancipation des peuples de la tutelle emblématique d'un représentant de Dieu sur Terre, autoproclamé ou consacré, a rompu le lien traditionnel entre le pouvoir politique et le pouvoir religieux. À l'issue d'une longue histoire en Europe judéo-chrétienne de relations d'autorité inversée de l'une sur l'autre, selon « l'humeur » du moment, la séparation s'est faite entre le spirituel et le temporel : en France entre les confessions religieuses et l'État, par la loi de 1905 qui introduisit la liberté d'exercice des cultes et la neutralité de l'État à leur égard. La laïcité est née de cette volonté ; elle connut au fil du temps des versions agressives ou bienveillantes... après avoir été inventée deux mille ans auparavant par le Christ lui-même, lorsqu'il fit cette réponse à une question insidieuse d'un Pharisien : « Rendez à César ce qui est à César et à Dieu ce qui est à Dieu. »

Durant le XXe siècle, la coexistence pacifique des Églises catholique, protestante et juive et des institutions républicaines a été respectée en dépit d'un anticléricalisme militant resté cependant minoritaire. Mais l'irruption récente et massive de la religion musulmane, qui ne fait pas la séparation entre le spirituel et le temporel mais asservit celui-ci à celui-là, et dont certains prosélytes contestent les lois, la justice, les us et coutumes, la culture des pays d'accueil, pose un grave problème d'ordre public, de protection des citoyens et de respect de leurs libertés essentielles. Plutôt que d'en être les garants, une minorité d'élus, par faiblesse, naïveté ou calcul électoral, invoque le besoin de paix sociale pour céder aux pressions subies. La permissivité devient la règle qui s'affranchit de toutes les règles jusqu'à en imposer d'autres dans les faits, conformes à l'identité religieuse des contrevenants. Ce qui se remarque dans l'habillement des femmes, dans leurs comportements à l'hôpital, à la piscine, à la plage, à dessein provocateurs... à moins qu'obligés pour quelques-unes. Des imams vitupèrent dans les mosquées, prêchent la haine des infidèles et même le djihad sans être beaucoup inquiétés. Des villes financent la construction de grandes mosquées sous couvert d'écoles coraniques adjacentes à Bordeaux (Juppé), Mulhouse, Strasbourg, à Poitiers sur le lieu même où Charles Martel arrêta les envahisseurs sarrasins[1]. C'est à qui bâtira la plus imposante et en financera une part aux côtés du Qatar, en contournant l'article 2 de la loi de 1905 : « La République ne [...] subventionne aucun culte » et sans hésiter à laisser en déshérence des édifices religieux classés.

Ces faiblesses calculées, présentées comme autant de témoignages de largeur d'esprit, prétendent répondre à l'égalité républicaine et favoriser le « vivre-ensemble », slogan du moment qui n'est autre que la traduction laïque dévoyée du « Aimez-vous les uns les autres » chrétien, ou de la philosophie bouddhiste de l'harmonie et de la non-violence. Elles ne sont que des artifices de politiciens à la recherche d'une paix sociale qui repose d'abord sur la volonté des accueillis de s'intégrer avant de faire appel à la générosité et à la bienveillance des accueillants.

À cette condition, « la tolérance est une vertu qui rend la paix possible » (Kofi Annan).

1. Objet de polémique, « la mosquée du pavé des martyrs » à Poitiers a obtenu sa licitation symbolique lors d'une cérémonie en présence des plus hautes autorités politiques et ecclésiastiques. La statue de Charles Martel devrait disparaître pour être remplacée par une stèle en l'honneur des envahisseurs vaincus.

8e COMMANDEMENT : LA MODE

Face à toutes les modes de comportement, de pensée et d'action tu sauras raison garder.

« Être dans le vent, ambition d'une feuille morte. »
Gustave Thibon

Dans le souci permanent de ne pas être en décalage avec l'évolution des modes et des mœurs, nombreux sont les politiques qui cherchent à s'introduire dans une sorte de téléréalité qui les maintiendrait au cœur de leur électorat. Pour ceux-là, « faire peuple » est une obsession qui s'attache au négligé vestimentaire, bannissant la cravate à l'Assemblée nationale pour lui préférer le col ouvert. Mais cette recherche d'uniformité citoyenne est un leurre en même temps qu'une erreur d'appréciation de la psychologie des Français, que ce mimétisme recherché ne trompe pas. Tenir son rang, c'est respecter l'autre ; cette autodiscipline interdit aux parlementaires et autres élus tout relâchement qui porte atteinte à leur respectabilité. Refuser de se soumettre à cette règle encourage la dégradation des mœurs, au-delà du ridicule des jeans délavés et déchirés, des cagoules cachant un visage qui éveille le soupçon ; il donne du crédit, sous le prétexte de liberté individuelle, au voile islamique, assujettissement inacceptable de la femme. Et au-delà des incivilités courantes, telle la multiplication des tags, dévoiement du *street art*, encouragés par Jack Lang au titre de l'expression d'une culture populaire, ce sont les fondamentaux de la société qui sont attaqués par des intellectuels « destructeurs » en mal d'individualisme, prêchant le laxisme généralisé, l'affranchissement du citoyen de tout dogme, de toute règle morale et sociétale contraignante.

La loi naturelle bafouée

Faire table rase du monde d'hier pour libérer celui d'aujourd'hui, jusqu'à mettre en cause la loi naturelle, est un défi auquel ne s'oppose qu'un nombre décroissant d'élus de la nation par crainte d'être traités de ringards. Science appelée en appui à ces évolutions considérées comme inéluctables, quand bien même les chercheurs eux-mêmes se montreraient prudents sur l'exploitation de leurs travaux. L'appel au progrès court devant eux et les stimule. Sa méthode est le crescendo des exigences prétextées populaires. La déstructuration de la famille en est un bon exemple. Tout commence par la reconnaissance fiscale et sociale de l'union libre qui facilite la rupture d'engagement entre les partenaires ; elle a entraîné une revendication de droits sociaux à l'équivalent des couples mariés et légalisé le mariage homosexuel.

Une minorité, par provocation, voulait un statut propre dont se désintéressait la majorité des couples vivant en concubinage. Le PACS est alors né et, dans son suivi, le droit à l'enfant fut requis : il ouvre la voie à la banalisation de la procréation médicalement assistée (PMA) et à la grossesse pour autrui (GPA), porte ouverte à la marchandisation du corps, à la sélection prométhéenne et à l'eugénisme, sésame de l'euthanasie.

Et voilà que s'annonce maintenant, au nom du transhumanisme, « messianisme sans messie mais animé d'une pléthore de gourous » (Folscheid), une autre dérive dans la recherche de « l'homme nouveau, augmenté (par l'intelligence artificielle), asexué, végane, abstinent et acéphale » (Onfray) avec la théorie du genre, semant la confusion des identités sexuelles en refus de reconnaître les spécificités de l'homme et de la femme alors que dans le couple, elles appellent la complémentarité sans autoriser pour autant une quelconque hiérarchie entre les genres masculin et féminin. Entre l'homme et la femme, l'égalité dans la complémentarité et la spiritualité est un dogme intangible. Il est d'ordre divin.

La dérive alimentaire des bien-nourris

Une même progression de désordre est observée dans d'autres domaines sensibles, telle l'alimentation. Une fois oubliées dans le monde occidental, les pénuries des années de guerre (pénuries toujours présentes sur d'autres continents), les exigences du consommateur européen relayées et suscitées par des courants idéologiques qui en font leur raison d'exister se sont faites plus pressantes pour des produits dits « naturels » ; sans que la science agronomique n'ait justifié les réserves ou interdits énoncés par les thuriféraires de l'agriculture biologique. Bien qu'elle couvre 95 % des besoins des consommateurs des pays riches, l'agriculture conventionnelle et ses pratiques culturales sont mises en cause en dépit des études qui prouvent l'innocuité des produits de la culture traditionnelle utilisant fertilisants et phytosanitaires à dose raisonnée, ce dont ne se privent pas autant qu'ils le disent les producteurs bios. Qu'importe, le bio est à la mode et les élus en font la promotion dans les cantines scolaires (aux frais du contribuable) et dans leurs discours (ça ne coûte rien et ça rapporte des voix). L'idéologie s'est maintenant emparée du sujet en le politisant. Les végétariens qui refusent tout aliment carné, et c'est leur droit, se mutent en végétaliens qui rejettent tout aliment ou vêtement issu des animaux (le lait, les œufs, le miel, la laine, la soie comme le cuir). Ces tabous des végans (autre appellation) se combinent avec une défense aveugle des animaux, qui écarte cependant de son champ d'interdits la pratique terriblement cruelle de l'abattage rituel halal par égorgement en pleine expansion[1]. Et pourquoi donc ? En revanche, cette grande utopie de l'antispécisme, qui

1. Le Conseil d'État a confirmé la dérogation à l'obligation d'étourdir les animaux avant leur mise à mort pour respecter les pratiques religieuses de l'abattage halal (octobre 2019). L'égorgement « à vif » continue…

place le règne animal au même rang que l'espèce humaine, prétend imposer son idéologie par tous les moyens, y compris brutaux (incendies des abattoirs, caillassages des boucheries, menaces aux éleveurs). De cette vague écolo, un temps tenue à l'écart, le grand commerce n'a pas tardé à profiter en étendant ses gondoles bios. Et voilà comment l'idéologie verte sert de cheval de Troie au capitalisme sauvage[2]. Telles sont les dérives auxquelles il faut s'attendre quand l'homme politique cède à la mode, sans discernement, pour épouser son siècle. Quand ce n'est pas par calcul, l'œil rivé sur les sondages, attentif aux courants de pensée en

---

2. *A contrario*, les OGM (organismes génétiquement modifiés) sont la cible privilégiée des écolos et le mobile de leurs exactions. Pourtant, ne leur en déplaise : la Terre ne pourra pas nourrir 10 milliards d'hommes sans le recours aux OGM, qui dans le monde, Europe exclue, couvrent déjà une superficie équivalente à 8 à 10 fois celle de la France en culture. Il n'y a pas de magie à l'origine de cette technique qui permet de faire plus vite et mieux que ce que les paysans ont pratiqué depuis l'Antiquité : l'amélioration empirique des végétaux par le croisement des variétés. Il s'agit simplement de modifier la séquence du génome pour lui ajouter des aptitudes supplémentaires ou lui enlever des gènes perturbateurs ou limitants. Doper, castrer, greffer la plante pour améliorer ses qualités nutritives et sa résistance aux maladies, aux prédateurs ou à la sécheresse ne comporte aucun danger pour le consommateur. Et l'argument de perte des variétés originelles tombe quand on apprend qu'il existe au Spitzberg un énorme conservatoire international de graines souches et ailleurs d'autres établissements plus spécialisés, au Pérou pour la pomme de terre par exemple (1 500 variétés). L'emploi des OGM permet de réduire l'utilisation des produits phytosanitaires tant décriés dont usent sans hésiter tous les viticulteurs, y compris bios, quand la météo les y oblige. Ils ont alors recours à la fameuse bouillie bordelaise qui contient tout de même du cuivre, dangereux par son accumulation dans les sols. Faute de produits systémiques autorisés à effet plus durable, tous les vignerons du Midi ont dû traiter 17 fois leurs vignes à la saison estivale de 2019 pour faire face au développement du mildiou, champignon dévastateur de récolte, proliférant au cours des étés où se succèdent à intervalles très courts pluie et chaleur.

vogue ultra médiatisés, que leurs promoteurs présentent comme une évidence, un progrès, voire une réparation des dommages dont se seraient rendues coupables les générations précédentes.

C'est à cette faiblesse que s'était livré Jacques Chirac en sommant son Premier ministre Lionel Jospin d'étendre l'incinération des farines animales aux déchets d'abattoir[3] issus d'animaux parfaitement sains, puisque destinés à la consommation humaine; ce qui lui permettait d'apparaître plus soucieux de la santé de ses concitoyens que son adversaire politique, et ce, dans la perspective de l'élection présidentielle à venir.

La désinformation nourrit l'ignorance

De l'euphorie du retour à l'état naturel, concept général qui est et restera indéfini, les paysans sont les victimes désignées. Car, dans le conflit entre leurs activités et l'écologie politique, le syndicalisme agricole a perdu la main: il se révèle impuissant à endiguer le flux des contraintes que subissent ses cultivateurs et ses éleveurs; il s'épuise dans un dialogue sans issue avec les pouvoirs publics plus sensibles au souffle médiatique du retour aux sources qu'à

3. Huit fois plus importants en tonnage que ceux d'équarrissage qui, eux, peuvent effectivement porter des agents pathogènes dangereux. D'où la facture aussi lourde qu'injustifiée dont le contribuable doit encore s'acquitter.

la balance commerciale agricole de la France. Son handicap se mesure à l'urbanisation croissante du pays (les trois quarts de ses habitants vivent dans les villes), ces citadins qui appellent la garantie d'une alimentation abondante, saine et variée ; qui revendiquent le droit d'échapper à la morosité du quotidien urbain en parcourant la campagne, en s'aventurant dans les forêts. Tout en soupçonnant à tort ou à raison les paysans et les forestiers de se livrer à une exploitation abusive de la nature, le citadin cède à l'émotion et à la prière de Ronsard au spectacle de la terre déchirée par les labours ou des grumes couchées sous la futaie : « Écoute bûcheron, arrête un peu le bras ! Ce ne sont pas des bois que tu jettes à bas. » Ces sentiments peuvent être nobles, ils n'en sont pas moins inquiétants quand ils se traduisent par une avalanche d'interdits si pénalisants en coûts de production et si traumatisants en contrôles inquisitoires qu'ils peuvent conduire au renoncement, voire à la tragédie : chaque jour un agriculteur se suicide.

La repentance par opportunité

L'autoflagellation est un penchant typiquement français : après ses prédécesseurs Sarkozy et Hollande désavouant la protection par l'armée française des civils pourchassés au Rwanda, Emmanuel Macron l'a pratiquée lors de son premier voyage à Alger en accusant la France de « crimes contre l'humanité » durant la guerre d'Algérie, oubliant volontairement les massacres de dizaines de milliers de civils pieds-noirs, musulmans et harkis sauvagement torturés et assassinés en reniement des engagements du cessez-le-feu de 1962. C'est ignorer aussi la mise en valeur des atouts des pays autrefois colonisés, l'éducation de leurs populations, la couverture des besoins sanitaires, la sécurité alimentaire et physique, les infrastructures, bienfaits aujourd'hui en déshérence par l'incurie des bénéficiaires de cet héritage colonial français[4]. Or, qui s'oppose à ces *mea culpa* est vilipendé quand il n'est pas agressé. On se tait. Ce silence est suspect, comme le dénonce Péguy : « On ne saura jamais tout ce que la peur de ne pas paraître assez avancé aura fait commettre de lâchetés à nos Français. »

Les apprentis sorciers du retour à l'état naturel

Les plus grandes dérives de cet esprit, autoproclamé novateur, sont à porter au débit de la politique écologique, tarte à la crème de tous les excès d'une paranoïa verbale et législative qui s'alimente de la chasse aux électeurs pratiquée par tous les partis politiques. Malheur à l'imprudent qui ne

4. On nous oppose en effet que la modernisation de l'Afrique du Nord s'est faite au préjudice des autochtones ; elle s'est faite par leur travail, certes, mais pas seulement ; et l'Algérie, à l'exemple de la Tunisie et du Maroc, aurait pu en profiter après l'indépendance en positivant et en valorisant les acquis de la colonisation au lieu de s'entredéchirer entre factions rivales.
Mais, en France, sur qui donc a porté essentiellement la charge, sans grand profit, de la reconstruction du pays et de son redressement économique après la guerre, sinon les classes laborieuses d'ouvriers et de paysans plus que les grands élus et les administrations ? En ont-elles gardé rancœur à quiconque pour autant ?

céderait pas à la mode ! Sur le sujet, la voix des sages est inaudible. La science s'efface. Le prix du retour aux écosystèmes d'autrefois est ignoré, sauf par ceux qui le subissent. Le bon sens populaire est piétiné et la logique pas toujours respectée quand les fans de l'écologie, les pourfendeurs du CO_2, n'ont pas protesté lorsque le train frigo qui partait chaque nuit de Perpignan pour ravitailler la capitale en fruits et légumes frais fut supprimé pour être remplacé par un flux quotidien de 220 camions.

Le lyrisme écologique atteint des sommets (et nourrit des violences) quand, à la science agronomique, on substitue le délire du « retour à l'état naturel ». À ce titre, pour manger sain, il est recommandé aux bobos de produire leurs légumes sur la terrasse de leurs immeubles. En ville, ces végétaux auront certes du CO_2 à profusion ; mais nos maraîchers en salopette de soie s'apercevront vite que sans apport des trois éléments essentiels à une plante : azote, phosphates, potasse (NPK) – qui sont apportés aussi dans les serres bios sous la forme de liquide nutritif –, leurs salades végéteront. Et que dire du miel récolté sur ces mêmes terrasses ? Serait-il, comme par miracle, exempt de toute pollution alors qu'au contraire les professionnels installent leurs ruches en milieu rural et les déplacent d'une région à l'autre pour mieux profiter de l'étalage des floraisons ?

La montagne est bien entendu le lieu privilégié du retour à « l'état naturel ». Pour des raisons géophysiques, certes, mais aussi parce que les urbains n'ont rien à craindre de l'éventuelle dangerosité des repeuplements d'animaux sauvages dans les Alpes ou dans les Pyrénées.

Jusqu'ici, l'ambition de réintégrer le loup et l'ours se limitait aux grands parcs naturels nationaux de la Vanoise et du Mercantour. Mais, accompagnant la contestation des zoos, voici que les naturalistes revendiquent l'extension des peuplements sauvages aux grands massifs. Avec succès. Les loups importés des Abruzzes étendent rapidement leur territoire. Des Alpes, ils sont arrivés dans les Vosges et s'aventurent maintenant dans les plaines les moins peuplées. Sans être encore très nombreux (500 en 2019), ils s'accroissent au rythme de 20 % l'an et ont égorgé 12 000 brebis en 2017. En principe, ils ne s'attaquent plus à l'homme après en avoir tué tout de même 7 600 en cinq siècles.

La réintroduction de l'ours[5] dans nos montagnes est encore plus coûteuse et plus contestable. Bien que ces plantigrades n'aient jamais quitté les Pyrénées espagnoles, il a été décidé d'en importer de Slovénie à plusieurs reprises et avec un luxe (très onéreux) de précautions. Ils ont fait une première étape dans une clinique vétérinaire des environs de Nice pour contrôler leur bon état de santé puis ont été acheminés sur leur terre d'accueil. Pour les deux derniers spécimens, ce fut par la voie des airs, en hélicoptère, de peur qu'ils ne soient interceptés par les bergers furieux des dégâts prévisibles dans leurs troupeaux et des risques pour leur vie que minimisent évidemment ceux qui n'y sont pas exposés. Alors l'État (c'est-à-dire le contribuable) indemnise

5. Le peuplement des ours dans les Pyrénées répond, paraît-il, à une obligation européenne (une de plus !). Il est dénombré officiellement une cinquantaine d'adultes en 2020 contre 10 en 2005 sur lesquels veillent de multiples agents alors que les éleveurs estiment à 90 le nombre des ursidés.

les pertes visibles (qui ne couvrent pas tout le préjudice) et finance les clôtures électriques, à charge pour le paysan de les installer et de les déplacer quotidiennement. Mais à quoi bon célébrer le pastoralisme quand « en même temps » on décourage ses acteurs que surveillent les fonctionnaires baladeurs de l'Environnement et de l'Office national de la chasse et de la faune sauvage (ONCFS), caméra en bandoulière. La destruction des paysages en sera le prix quand les troupeaux et leurs bergers auront quitté les montagnes.

La ferveur écologique ne se tarit pas, elle s'amplifie. Elle habite plus ceux qui la vantent à leur façon, les urbains, que ceux qui la pratiquent intuitivement, les ruraux. Elle est source de profit électoral ; serait-elle à ce titre la bouée de sauvetage de la macronie ?

Le mieux-être environnemental centré sur des prétendus progrès qui n'améliorent pas l'ordinaire du Français est un miroir aux alouettes, dont l'objectif inavoué est de détourner la vigilance du peuple. Au prix du ridicule comme ce fut le cas quand le Parlement a débattu des heures durant de l'interdiction de la fessée alors qu'une génération spontanée de « Gilets jaunes » contrôlait les routes de France et manifestait au cœur des cités. Un débat surréaliste ! À la décharge des faiblesses individuelles des élus, l'absence de fondamentaux encadrant les politiques des partis déroute autant ceux qui ne sont pas du premier cercle que les militants. Les grands-messes organisées autrefois par les gaullistes sont mortes dans la fusion de la droite, qui a regroupé le RPR et la constellation centriste. L'assemblage n'était que tactique. Il a été organisé sans qu'au préalable soient définies les grandes lignes d'une vision politique partagée. La nature de l'Europe était déjà la pomme de discorde entre les partenaires. Europe des nations ou Europe fédérale ? Le débat n'a jamais eu lieu de peur que le désaccord ne provoque l'éclatement. Ce fut pire : l'émiettement. À gauche, ce fut l'effondrement. L'illusion du macronisme n'a connu qu'un seul printemps. L'espace politique est vide, ce qui fait le lit des protestataires organisés ou pas.

Honni qui ne se soumet pas aux rites de l'écologie... verbale

La transition énergétique est un autre débat, dont on aimerait qu'il soit dépassionné et ne soit plus conduit à des fins politiques par des manipulateurs qui s'exonèrent des contraintes qu'ils prétendent imposer aux autres. Tel Nicolas Hulot, ex-ministre de l'Écologie, avec ses six puissantes voitures, son Zodiac de 225 chevaux, ses hélicoptères à disposition, qui fait la guerre au diesel, prône l'interdiction des vieilles voitures pour booster le véhicule électrique et veut imposer l'abandon du chauffage au fuel en ignorant superbement le milieu rural qui n'a pas accès au gaz. Faudra-t-il alors s'attaquer massivement aux forêts pour brûler du bois dont la combustion génère aussi de CO_2 ? Culpabiliser et sanctionner les petits pollueurs pour « sauver la planète » est, certes, plus facile que de s'en prendre aux plus gros : les incontournables transports maritimes et aériens qui sont des gouffres de carburant (les 40 plus gros navires du monde polluieraient autant que les 760 millions de voitures de la planète !).

Nos véhicules dotés de moteurs à explosion sont dans le collimateur en dépit des conclusions d'un rapport officiel (non publié et pour cause) qui relativise l'avantage du moteur électrique sur le moteur thermique si, comme on le doit, on prend en compte le bilan comparé environnemental global des deux énergies employées. L'auteur de ce rapport, Jean Syrota[6], ne sous-estime, certes, pas les progrès attendus de la recherche sur le moteur électrique mais il juge aussi possible, dans les mêmes délais, de diviser par deux les émissions de gaz des moteurs thermiques. Hollande et Macron, incapables l'un après l'autre de redresser l'économie, ont cru trouver la parade médiatique à leurs insuffisances en se jetant à corps perdu dans la lutte contre le réchauffement climatique. Le premier, en 2015, pour organiser à Paris une grande conférence onusienne, la COP21, afin de finaliser l'accord de Paris requérant l'engagement de ses 220 pays participants à prendre les mesures appropriées pour tenir la progression de la température moyenne de la Terre en dessous de 2 degrés d'ici à 2100. Le second, pour en prendre le leadership et, à cette fin, donner l'exemple de la rigueur.

---

6. Jean Syrota, polytechnicien, École nationale supérieure des Mines, ex-PDG de la Cogema. Auteur du rapport « Perspectives énergétiques de la France à l'horizon 2020-2050 », contribution technique au débat sur la politique énergétique française et au Grenelle de l'environnement. Et du rapport de mission prospective sur le futur de l'automobile à l'horizon 2030 minimisant, comme indiqué, l'intérêt de la voiture électrique et considérant que le moteur à explosion, amélioré, a encore de beaux jours devant lui. Ce document fut alors écarté par le ministre Éric Besson.

D'où les mesures ci-dessus décrites assorties d'une hausse dissuasive du prix du gasoil décrété très polluant alors que, jusque-là, les coûteux pots catalytiques des diesels étaient censés filtrer les particules fines cancérigènes. Manifestement, ils ne le font officiellement plus. À moins qu'ils ne l'aient jamais fait. La France est donc à la pointe du combat et c'est assez dérisoire. Elle ne contribue à la production mondiale de CO_2 qu'à hauteur de 0,9 % contre 27 % pour la Chine, 15 % pour les États-Unis ; elle pollue deux fois et demie moins que l'Allemagne qui préfère le charbon et le lignite au nucléaire. Qui plus est, les Chinois s'en amusent et Donald Trump avait même décrété le retrait des USA de l'accord de Paris. En France, au lendemain du premier samedi de leurs manifestations, les « Gilets jaunes » ont bien résumé l'opinion populaire après l'intervention d'Emmanuel Macron maladroitement centrée sur le réchauffement climatique alors que le feu était au pays : « Il nous parle de la fin du monde ; nous, nous lui parlons de la fin du mois. »

« Vos étudiants sont libres au sens légal du terme, mais ils sont prisonniers des idoles portées aux nues par l'engouement à la mode » (Soljenitsyne). Dans le florilège des modes dopées par la médiatisation, incarnées par des vedettes plus ou moins éphémères, le réchauffement climatique tient la corde. Certes, il doit être étudié avec sérieux, mais sans en faire une religion. Sans écarter les paramètres dont on ignore encore l'influence sur le climat et en veillant à ce que les politiques retenues ne le soient pas dans la précipitation électoraliste et ne soient pas entachées de ce militantisme écologique qui nuit à leur crédibilité chaque fois qu'elles ne sont pas éclairées de la combinaison des origines diverses, terrestres et extraterrestres. Jouer de cette sensibilité n'est plus de saison. La crise économique et sociale causée par la Covid-19 est à traiter d'urgence, les causes de la colère du peuple s'étant accumulées depuis plusieurs dizaines d'années jusqu'à saturation sans que le monde politique en prenne vraiment conscience. L'augmentation des taxes pour financer la transition énergétique ne fut que la goutte de pétrole qui a fait déborder le vase de l'exaspération en 2018. Celle-ci a été d'autant plus populaire que le rêve Macron s'est écroulé alors qu'il était fondé sur l'espoir d'un meilleur niveau de vie et d'un progrès social, sur le rejet du monde politique et de ses dérives illustrées par les écarts de conduite de François Fillon, les soupçons qui pèsent sur d'autres, les jugements estimés trop cléments en faveur de hautes personnalités fautives. Le dégagisme généralisé fut alors considéré comme prioritaire. Il était fondé sur un consensus d'amélioration du pouvoir d'achat, de refus de l'immigration telle que vécue dans les banlieues, de diminution des impôts, de justice sociale, toutes orientations attendues d'un nouveau venu parce qu'elles n'avaient pas été satisfaites depuis longtemps. L'attente fut bien exploitée par le candidat Macron. La déception n'en a été que plus grande.

Et pour cause : dans notre monde numérisé et surmédiatisé, les centres d'intérêt se déplacent très vite… du futile à l'essentiel pour revenir aux fondamentaux : l'emploi, le pouvoir d'achat, la sécurité. La forme bouge mais le fond demeure. Et faute de progrès notable, la révolte gronde. On croyait pourtant l'avoir évitée en confiant à des hommes nouveaux les rênes du pouvoir. Or, la vague de députés hors sol de 2017 redevables au Président de leur promotion inespérée, marquée du défaut d'expérience civique pour la plupart d'entre eux, ne comprend rien à la rébellion des « Gilets jaunes » ; pas plus qu'Emmanuel Macron ne sait comment répondre à leurs attentes alors qu'eux-mêmes se montrent incapables de préciser et d'unifier leurs revendications. Comment donc ? Par les cahiers de doléances établis à l'initiative des collectivités publiques et par le « grand débat national » qu'a animé le président de la République lui-même ? Par la démocratie participative qui vise à substituer le dialogue à la violence et à promettre au peuple que désormais il sera entendu et consulté ? Serait-ce par le référendum d'initiative citoyenne ? Soit. Mais la France n'est pas la Suisse, capable par votation de refuser l'augmentation des congés payés et de retarder l'âge d'accès à la retraite. Un tel civisme n'est pas majoritaire dans l'Hexagone.

Redoutant le référendum tel que défini par la Constitution et la sanction à laquelle il pourrait s'exposer, Emmanuel Macron louvoie avec la démocratie. Il lui donne une apparence de réalité nouvelle par ses interminables débats de terrain, monologues sans conclusions, par la création de comités Théodule sur tout sujet sensible, composés de citoyens tirés au sort sur tout le territoire (évidemment encadrés par des « animateurs ») dont la mission couvre indûment le champ des élus et des partis politiques ; par la création de comités scientifiques en tout genre derrière lesquels le Président se retranchera pour échapper à sa responsabilité en confondant son devoir de s'éclairer et celui de décider.

Mais attention, l'horloge des échéances électorales est impitoyable ; elle ne pardonne pas aux acteurs politiques l'irrésolution, la temporisation. On peut, certes, pour se faire élire, surfer sur les modes en cours, c'est-à-dire être le chantre de la place aux jeunes, le promoteur des prétendues avancées sociétales et libérations sociales qui privilégient l'individualisme et le consumérisme au détriment des solidarités de la famille, des corps sociaux, des institutions, de la nation, de l'éthique. S'y complaire n'est pas la garantie pour durer. L'insatisfaction de l'âme du peuple en est le revers qui requiert des réponses autres que matérielles en appelant au dépassement de soi et à la recherche du sens de la vie.

9e COMMANDEMENT : LA RÉALITÉ EN FACE

Tu regarderas la réalité en face, celle qui touche à l'essentiel, sans te dérober.

S'il existe toujours « un pacte vingt fois séculaire entre la grandeur de la France et la liberté du monde » (Charles de Gaulle), chaque citoyen qui dispose en ce pays d'une parcelle d'autorité publique doit être, à sa mesure, porteur de cette ambition. Un élu de la nation ne peut se contenter de gérer son mandat dans le seul but d'assurer sa réélection ; même s'il y est conduit par la désastreuse pratique des leaders des partis à rechercher l'approbation aveugle de leur stratégie plutôt qu'à inviter les membres de leur groupe à offrir leur compétence particulière pour éclairer une politique à définir. De quoi doucher l'enthousiasme des « bleus » et les inciter à coller à la roue des chefs pour faire carrière. Les exemples de ces *grégari* ou porteurs d'eau sont légion. Il est vrai que s'affranchir de cette tutelle des leaders n'est pas à la portée de tout parlementaire sauf pour l'indiscipliné à prendre le risque de perdre son investiture, sésame indispensable à sa réélection dans sa circonscription. C'est ainsi que sont écartés du débat ou indéfiniment reportés les grands problèmes du moment, quitte à n'en traiter que les effets immédiats auxquels la population est sensible.

Le temps des cigales

Les deux exceptions gaullistes au cours desquelles la France a été replacée dans le camp des vainqueurs (1940-1945), puis a retrouvé sa liberté et son autorité internationales (1958-1969) ont été suivies, à chaque fois, d'un nouvel abandon de sa puissance retrouvée et d'une gestion laxiste des affaires du pays destinée à flatter l'électeur et à assurer la survie des élus. Le peuple ne porte pas la responsabilité de ce déclin relatif. Dans tous les secteurs d'activité : agriculture, industrie, santé, informatique, spatial, recherche…, les performances ont été remarquables et elles le seraient encore plus si le dynamisme des acteurs économiques n'avait pas été bridé par le développement d'une législation inutilement contraignante, et parfois si imprécise qu'elle autorise des interprétations inattendues, confiées au juge en cas de conflit. Sur ce registre, c'est à qui en rajoutera pour « protéger le citoyen » au détriment des acteurs économiques. Chirac l'a fait abusivement en introduisant dans la Constitution le principe de précaution qui est une menace latente sur les activités et les innovations de tout entrepreneur et une aubaine pour les écolos prêts à saisir toute occasion de se positionner en protecteurs exclusifs de l'environnement.

L'inflation législative, qui se nourrit en outre de la profusion réglementaire européenne, si elle tend à paralyser le pays, rassure en revanche les parlementaires sur leur utilité et en désespère néanmoins quelques-uns qui ont des attaches avec les milieux économiques ou qu'inquiète la situation financière de la France. Car elle s'endette plus que de raison et ne s'interdit plus de le faire depuis la première crise pétrolière de 1975. S'y est ajouté le « quoi qu'il en coûte » de l'Élysée pour répondre à l'inquiétude des Français face à la crise sanitaire ; il fera bondir la dette de la France au-delà des 120 % du PIB alors que déjà elle n'avait cessé de croître depuis quarante ans, en dépit des promesses électorales des gouvernants plus prompts à lever de nouveaux impôts qu'à resserrer la dépense. En conséquence, la France est le pays le plus administré du monde libre, ce qui ne veut pas dire qu'elle l'est le mieux.

L'État payera

On ne lésine pas sur la dépense publique pour se ménager un risque politique zéro au nom du principe de précaution. Roselyne Bachelot, ministre de la Santé en 2007, en a fait une coûteuse démonstration lors de la deuxième épidémie de grippe qui a frappé la France en 2009. Celle-ci avait été précédée en 2004 d'un danger de pandémie dont des prévisions alarmistes avaient estimé que le tiers de la population française pouvait en être affecté et coûter la vie à des centaines de milliers de personnes, voire à 1 million. La communauté médicale avait alors été mobilisée pour préparer l'afflux massif des malades dans les hôpitaux. Des millions de masques de protection avaient été recherchés sur la Terre entière et du Tamiflu, un antiviral acquis partout où il était disponible, avait été stocké dans des casernes sous protection militaire pour qu'il soit uniquement réservé aux hôpitaux. Car, à titre de précaution personnelle, de nombreux citoyens en faisaient provision. La dangerosité de l'agent infectieux, le H5N1, pouvait justifier une telle mobilisation. Il n'en était pas ainsi du H1N1 qualifié de « grippette » par le professeur Bernard Debré. Pourtant, avec un zèle à toute épreuve, Roselyne Bachelot décida d'un plan massif de vaccination pour un coût estimé à 1,5 milliard d'euros. 90 millions de vaccins ont alors été commandés dont 6 millions seulement ont été utilisés (et 3 millions revendus), ce qui porte à 80 millions ceux qui ont été décommandés contre frais contractuels de résiliation ou destruction. La ministre n'a pas été sanctionnée pour autant ; on l'a seulement changée de ministère. Responsable elle l'était mais pas coupable.

Dix ans plus tard, encore meurtrie par les critiques d'alors, elle exulte à la télévision et s'auto-réhabilite. Le temps lui aurait donné raison : son application du principe de précaution était justifiée quel qu'en fût le coût. Au détail près qu'en 2011 son ministère décrétait que « le stock de masques en cas d'épidémie n'est pas une priorité[1] ». Et comme les journalistes n'ont pas de mémoire, aux yeux de l'opinion, elle est blanchie.

1. Déclarations à la presse de Philippe Klein, médecin généraliste, à Metz en 2011 et à Wuhan en 2020.

C'est aussi en 2010 qu'une société bretonne innovante, qui produisait 200 millions de masques par an, est tombée sous la coupe d'un prédateur américain à la recherche du plus grand profit, le groupe Honeywell. Il a dépouillé l'entreprise de son savoir-faire et de ses marchés pour transférer l'outil en Tunisie et en Chine, là où la main-d'œuvre est moins chère, sans que les ministres de la Santé successifs, libéralisme oblige, ne s'émeuvent de sa lente agonie qui a pris fin en septembre 2018 avec la complicité passive du ministre de l'Économie, Bruno Le Maire, resté silencieux face au vibrant appel des dirigeants et salariés de cette société. Avec tout le gouvernement, il a reconnu bien tard le caractère stratégique de cette industrie.

L'écologie, une ressource électorale renouvelable

Les hommes politiques ont, pour certains, une conception de l'essentiel plus électorale qu'inspirée par l'intérêt commun. Une majorité d'entre eux en font la désolante démonstration soit en soutenant les revendications des plus fanatiques des écologistes de profession, soit en se murant dans un silence prudent pour éviter tout conflit avec eux. Pourtant, on a dépassé depuis longtemps les limites de l'acceptable tant le débat public a dégénéré en querelle idéologique, en terrorisme médiatique à l'encontre de qui s'oppose à l'alignement sur les plus agressifs des zélotes de l'environnement. Une étrange complicité réunit les militants de la cause avec des scientifiques à la recherche de contrats juteux pour leurs labos, avec des industriels pour qui s'ouvre un nouveau marché, avec des journalistes en mal de célébrité et avec les deux tiers de la population française paniquée par l'annonce des catastrophes à venir. Or, le ciel semble leur donner raison. Le soleil est toujours plus brûlant, la glace fond, le désert progresse. Des records sont enregistrés. L'ennemi, c'est le CO_2 dont on oublie qu'il est indispensable à la vie des plantes qui absorbent son carbone et libèrent l'oxygène pour tout ce qui respire. Sous pression médiatique, des grands-messes onusiennes sont organisées et la France est à la pointe du combat quand les grands fautifs traînent les pieds : Chine, États-Unis jusqu'à ce que Donald Trump, un peu moins hypocrite que les autres sur ce sujet, refuse tout engagement contraignant. En revanche, l'Hexagone est en pointe et donne l'exemple en promettant de réduire de 20 % ses émissions de gaz à effet de serre, ce qui éviterait à la planète un réchauffement de 0,0004 degré. Chirac, Sarkozy, Hollande s'y sont employés, flairant l'opportunité politicienne. Emmanuel Macron, au vu du bon résultat des Verts aux Européennes, y gagne l'avantage d'élargir sa base électorale pour la prochaine présidentielle dans une stratégie à deux atouts majeurs : l'Europe et l'écologie. En double champion. C'est simple, l'argumentation est facile et convaincante. Rien ne la perturbe : pas même le bluff d'Al Gore, ancien candidat malheureux à la Maison-Blanche, qui s'est reconverti en conférencier mondial de l'écologie grassement rémunéré ; il avait annoncé la fonte totale des glaces de l'Arctique pour… 2014 et fut récompensé pour ses (fausses) alertes en faveur du climat par un prix Nobel de la paix; ni le constat des scientifiques relevant que la température n'a augmenté que d'un degré au cours du siècle dernier et que la mer ne monte que d'un millimètre par an; ni le carottage dans la banquise qui renseigne sur l'alternance des climats depuis des milliers d'années. En revanche, les grands de ce monde ont la fausse humilité d'écouter le témoignage habilement orchestré et médiatisé d'une écolière suédoise de 16 ans, Greta Thunberg, qui veut alerter le monde sur les dangers de la dégradation climatique et sa cause majeure, le CO_2, pourtant indispensable à la vie des arbres: ils se nourrissent du carbone et libèrent l'oxygène qui nous est indispensable. Reçue par le président Macron, par le pape François, au Parlement européen, à l'Assemblée nationale, s'exprimant au forum de Davos, devant le Parlement britannique, à la tribune de l'ONU en ignorant tout des données scientifiques du problème, elle se croit destinée à une mission de révélation, en Bernadette Soubirous de l'écologie, quand elle déclare « voir à l'œil nu » le CO_2 funeste! Mais on l'écoute, et malheur au mécréant qui rejette son message et moque ses « apparitions ».

L'aveuglement géopolitique des gouvernants

Bien au-delà de ces péripéties nationales, quelle qu'en soit la gravité, on reprochera à nos grands élus leur courte vue sur les affaires du monde qui nous précipitent vers un cataclysme humanitaire: un aveuglement partagé par tous les chefs d'État des grandes nations en fonction au cours des quarante dernières années, incapables de prévenir les conséquences des fractures démographiques, économiques, éducatives et plus généralement sociales et humaines entre le Nord et le Sud. L'enrichissement continu des uns est une provocation pour les autres. Aussi, le monde est devenu dangereux ; il l'est surtout parce que ses grandes puissances, ses instances internationales, son Église universelle s'avèrent incapables de relever le plus grand défi du XXIe siècle : nourrir les hommes, tous les hommes[2], alors que les ressources de la planète valorisées par le génie humain sont suffisantes pour y parvenir. Or, la pénurie alimentaire est la cause première des drames et des conflits du tiers-monde ; elle sert de terreau au fanatisme religieux, déstabilise les nations pauvres et engendre un déferlement ingérable de migrants du Sud vers le Nord : de l'Afrique vers l'Europe, de l'Amérique du Sud vers les États-Unis. C'était la mission du G8 d'y faire face en s'appuyant sur l'arsenal des agences dédiées de l'ONU (FAO, PAM, CNUCED). C'était à la France d'en prendre l'initiative. Mais depuis François Mitterrand, aucun des Présidents successifs confrontés à la menace migratoire n'a tenté de mobiliser la communauté internationale aux fins d'y remédier dignement. La réponse des démunis de tout ne s'est pas fait attendre ; elle est aussi simple que déterminée : ils marchent.

2. Du même auteur, *Vaincre la faim, pour en finir avec l'inacceptable*, Éditions Eyrolles, 2009.

Seule Angela Merkel a réagi ponctuellement. Consciente qu'avoir ouvert spontanément les frontières de son pays à 1 million de migrants avait été une erreur, elle a cherché à compenser l'effet désastreux du *go and stop* de son accueil de réfugiés en Allemagne par l'invitation faite à la communauté internationale « à donner aux jeunes (du tiers-monde) des perspectives pour les inciter à vivre chez eux ». Elle proposait même un banc d'essai en Tunisie et en Égypte. Cette promesse a fait long feu. Elle n'était pas à la hauteur du défi mais elle avait au moins le mérite d'ouvrir le débat de fond sur la voie et les moyens du self-développement des pays pauvres de la planète. Le faible écho donné par la presse aux déclarations d'intention de la chancelière allemande qu'aucun chef d'État n'a d'ailleurs ni relevées, ni commentées a renvoyé à plus tard un début d'initiative dans le sens de sa proposition, dont elle-même n'a pas repris l'énoncé lors des sommets de chefs d'État qui ont suivi.

Aucun économiste de renom, depuis Maurice Allais, ni journaliste de talent qui s'en serait fait l'écho, n'a cherché à mettre en cause la philosophie ultralibérale qui est à l'origine du décrochage des pays les moins avancés ; pas plus qu'ils ne sont prêts à soutenir ou faire état d'un contre-projet. Plus réceptifs et moins conventionnels, ils auraient cependant découvert qu'il existait depuis plusieurs décennies un nouveau projet de plan Marshall pour le tiers-monde fondé sur la régulation des marchés agricoles générant des prix rémunérateurs pour les paysans ainsi encouragés à produire, et que son efficacité avait été testée avec succès sur le marché du café. Ils auraient alors compris qu'étendu à d'autres productions, le système s'inscrivait en OPEP des produits agricoles, facteur de sécurité de revenu pour le producteur et de garantie d'approvisionnement pour le consommateur. L'impéritie des grandes nations en a décidé autrement. La crise est loin d'atteindre son apogée; elle ne fait que commencer. Les chefs d'État regardent ailleurs.

L'empreinte des bâtisseurs sur l'histoire

Dans le passé, les grands hommes d'État que la postérité a retenus furent des acteurs déterminés de l'essentiel; la mémoire collective ne retient pourtant que leurs faits d'armes ou leurs œuvres de pierre parce qu'elles défient le temps et occupent l'espace. Pourtant, peut-on se contenter d'admirer en Napoléon le prodigieux stratège de la Grande Armée, l'empereur qui voulait donner l'Europe à la France, en réplique à la coalition de rois qui visaient à écraser en lui « l'usurpateur », alors que chaque année de l'exercice de son pouvoir, il a apporté une pierre à l'édifice de l'État à reconstruire après les excès de la Révolution? En 1800, il créait la Banque de France et le corps préfectoral; puis dans les sept années qui suivirent: les chambres de commerce, le franc germinal, le Code civil, le Concordat, la Légion d'honneur, le conseil des prud'hommes, la Cour des comptes... toutes ces institutions qui subsistent aujourd'hui; chacune de ces missions régaliennes étant couverte par une administration reliée au pouvoir central ; le tout mis en place par la seule « volonté du prince » conscient des bouleversements, des rancœurs, des haines qu'il provoquait, mais convaincu de la nécessité de l'œuvre entreprise. Son neveu Napoléon III, mal-aimé de l'histoire à cause du désastre de Sedan, n'a-t-il pas le très grand mérite d'être resté sourd aux plaintes et déchirements des expropriés, en découpant Paris en grandes artères et avenues pour en faire la plus belle capitale du monde ? Devrait-on passer sous silence la profonde transformation économique et sociale du pays au cours de son règne, et les retombées positives de sa remise en cause du protectionnisme par l'ouverture des marchés à la concurrence, notamment à la Grande-Bretagne alors championne de l'industrialisation ? Un remède de cheval qu'il a su compenser par une politique sociale volontariste pour améliorer la condition ouvrière par la création des cités ouvrières, d'un système de retraite et d'assurance accident du travail, la reconnaissance du droit de grève, l'autorisation des chambres syndicales et du droit de coalition des salariés…, prémices des conquêtes sociales à venir. Sur tous ces fronts, l'empereur a rencontré des hostilités additionnelles bien que contradictoires. Celle d'une majorité de patrons attachés au protectionnisme, celle parfois hésitante du monde du travail pénétré d'influences révolutionnaires. Et encore, celles, plus surprenantes, du Conseil d'État, révoquant la création d'une inspection générale du travail, ou celle du corps législatif s'opposant à la réalisation d'un « grand service de l'enseignement public gratuit et obligatoire ».

Charles de Gaulle, « figure d'exception à la destinée trop grande pour être partagée », tout au long de son parcours tant militaire que politique, a remarquablement illustré les cas de conscience, les choix lourds de conséquences auxquels est confronté un chef de guerre, un chef d'État. Le 18 juin 1940, son appel était le pari d'un homme seul, inconnu du grand public, condamné par ses pairs. Jeanne d'Arc avait ses voix ; lui n'avait rien ; sauf une ambition, sur l'instant d'apparence irréaliste : relever l'honneur de la France en la replaçant dans le corps des combattants et dans le camp des vainqueurs. En misant sur les forces encore intactes : l'Empire colonial et la flotte française, troisième du monde après celles de la Grande-Bretagne et des États-Unis. L'une se ralliera, territoire par territoire, non sans drame, au Sénégal comme en Syrie ; l'autre va lui faire défaut. Les épreuves ont ainsi jalonné son chemin jusqu'à le conduire au doute et presque au désespoir. Le 3 juillet 1940, sans le prévenir, Churchill ordonnait à ses marins la destruction de la flotte française de la Méditerranée à Mers el-Kébir pour qu'elle ne tombe pas en des mains ennemies. Ce fut une perte irréparable puisque la marine, jusque-là plutôt favorable à la résistance aux nazis, a préféré, sous menace de capture allemande, se saborder deux ans plus tard à Toulon au lieu de rejoindre les forces alliées. De Gaulle, pour sauver le but de sa cause, s'est imposé alors à reconnaître la justification de la brutalité britannique (il faut se souvenir qu'à cette époque où la France était presque unanimement pétainiste, les États-Unis n'étaient pas encore entrés en guerre et que l'Angleterre était sous la menace directe d'un débarquement allemand imminent sur ses côtes).

Plus grande fut encore, parce qu'inutile, la provocation britannique du débarquement de troupes de la Royal Navy à Diego Suarez en 1942 et leur conquête de Madagascar sans que la France libre en soit au moins avertie. Face à cette nouvelle entorse à la loyauté, solidaire aux Anglais dans l'épreuve à Dakar comme en Syrie quand des troupes françaises obéissant à Pétain ont combattu les alliés franco-britanniques, de Gaulle a toujours donné priorité au but de son engagement pour une patrie retrouvant sa liberté et sa fierté. Y compris en acceptant provisoirement de partager le pouvoir à Alger avec Giraud, pétainiste soutenu par les États-Unis, et en s'accommodant de l'hostilité de Roosevelt, méchamment critique. Ce qui ne veut pas dire qu'il ait tout accepté, car, à chaque concession obligée, il négociait des contreparties à Churchill et obtenait des armes des États-Unis.

Le dernier des réformateurs

Président de la République, Charles de Gaulle a donné d'autres gages de son choix de l'essentiel : en préférant démissionner en 1969 plutôt que d'abandonner son projet d'amendement de la Constitution[3] portant sur la

3. Ses successeurs l'ont repris, excepté l'élargissement du Sénat aux représentants des « forces vives du pays » : syndicats, patronat, professions (de l'agriculture, du commerce et de l'artisanat).

régionalisation et la composition du Sénat qu'il estimait indispensables, en dernier acte de ses nombreuses réformes. Pour les questions-clés, il était inflexible. S'en souviennent ses collaborateurs les plus proches qui lui conseillaient en 1965 d'assouplir son intransigeance à Bruxelles en levant le refus de participation de la France à toute négociation communautaire tant que la Commission européenne n'aurait pas renoncé à ses débordements supranationaux (« politique de la chaise vide[4] »). La raison invoquée par les siens pour cet assouplissement tactique était la proximité de l'élection présidentielle, et leur argument : la certitude que ses concurrents ne manqueraient pas d'utiliser ce conflit pour le disqualifier et l'évincer. D'un revers de main, l'homme d'État a balayé l'hypothèse d'un recul de la France pour raison électorale à son profit. En conséquence, il a été mis en ballottage au premier tour mais réélu largement au second.

4. La « politique de la chaise vide » visait à :
– interdire au président (allemand) de la Commission européenne de remettre en cause le Marché commun agricole, contrepartie française de l'expansion industrielle allemande ;
– contraindre la Commission européenne à abandonner sa tentative d'intégration économique et politique des États membres au sein de l'Europe dont elle prétendait devenir le gouvernement ;
– rejeter la tentative de la Commission européenne de substituer à la contribution financière des États membres au budget européen un impôt direct, sous son autorité.

De l'exception de l'homme d'État à l'ordinaire des chefs d'État

Par la suite, ces leçons n'ont servi à personne. Flatter pour durer fut une constante de ses successeurs, abandonnant très vite les bonnes résolutions de leurs campagnes électorales. Au détriment des finances publiques par des dépenses de satisfaction de l'électorat non compensées par des recettes budgétaires correspondantes mais par l'emprunt. Sous de Gaulle et Pompidou, seuls mandats d'excédents budgétaires sur cinquante ans, le taux d'endettement était de 20 % du PIB ; il est de 120 % en 2020. La France vit au-dessus de ses moyens, rabâchent les grands élus quand ils sont dans l'opposition mais dès qu'ils sont revenus aux affaires, ils augmentent l'addition sans même profiter des rares années de vaches grasses pour réduire la dette[5]. Dès son installation à l'Élysée, son titulaire de l'instant ne pense qu'à se succéder à lui-même et fait tout pour cela au détriment du pays : Giscard d'Estaing a installé la France dans les déficits budgétaires ; Mitterrand a vomi la Constitution de la Ve République mais, Président, s'y est complu parfaitement sans en rien changer ; Chirac a réformé la Constitution pour raccourcir le mandat présidentiel à cinq ans et s'y glisser, redoutant le désamour de l'électeur réticent à lui confier les rênes de l'État sept années supplémentaires ; Sarkozy,

5. En 1997, la cohabitation Chirac-Jospin a préféré distribuer la « cagnotte ». Les mêmes ont réduit le temps de travail à 35 heures, créé les RTT y compris pour les cadres, négligeant leurs conséquences sur la compétitivité des entreprises et donc sur l'emploi.

irritant par ses suffisances, commit l'irréparable en validant par le Parlement une Constitution européenne rejetée par le peuple ; Hollande a ridiculisé la fonction ; Emmanuel Macron, ligoté par les experts qu'il s'est choisis, se réfugie dans son « en même temps » qui est la traduction de ses hésitations politiques et de son aveu de faiblesse devant les choix qui lui incombent.

Mais où rechercher l'essentiel ? Ce n'est ni dans l'agitation et la communication ni dans l'empressement à saisir le présent qui donnent au citoyen le sentiment de l'efficacité de l'élu et le trompent sur la fermeté des intentions. Y compris sur leur fiabilité, que l'électeur n'a pas les moyens de décrypter dans l'abondance des informations plus ou moins tendancieuses qui lui sont servies. Quand il n'est pas dupé sur le sens des enjeux en cause jusqu'à prendre la forme pour le fond, l'ombre pour la proie. Les élections européennes de 2019 en furent une parfaite illustration en privilégiant l'affrontement entre le Rassemblement national et En Marche !, au détriment du débat sur la nature même de l'Europe. Pourtant, les dérives de ses institutions méritaient une redéfinition de leur rôle et de leurs pouvoirs qui se substituent dangereusement à ceux des États membres jusqu'à porter atteinte à leurs intérêts vitaux. La Commission européenne forte de 27 commissaires et d'une administration, pléthorique à dessein, de 50 000 fonctionnaires totalement indépendants de leurs États d'origine, s'est ainsi imposée en gouvernement de l'Europe qui tout à la fois assure la représentation extérieure de l'Union, négocie les accords de commerce internationaux, dispose du monopole du droit d'initiative législative, contrôle les budgets des États membres et, au besoin, inflige des pénalités aux récalcitrants, comme elle prétend les obliger à accueillir des quotas de migrants. Elle n'est plus l'exécutant du Conseil européen composé des 27 chefs d'État mais l'exécutif de l'Union européenne qui ne cesse d'accroître insidieusement son pouvoir au détriment des institutions élues, en jouant des rivalités nationales pour y parvenir. Qui s'en inquiète ? Quels médias alertent le peuple de ces dérives technocratiques et démocratiques ?

Rien de tout cela n'a été débattu en France au cours de la campagne électorale des Européennes. Aux arguments de l'Opposition la plus crédible, la macronie répondait par un « plus d'Europe » sans en préciser les contours. Cet appel à la foi du charbonnier n'a pas majoritairement été entendu mais le parti au pouvoir a sauvé la face ; c'était *son* essentiel, la présidentielle, *son* horizon. Il est déplorable qu'il en soit ainsi au plus haut niveau de l'État, qu'on infantilise à ce point l'électeur pour mieux le conditionner. Le déclin du pays en est le fruit amer, la flatterie et la démagogie électorale, les moyens.

De Gaulle avait mis les Français au service de la France. Depuis Mitterrand, tous les présidents de la République qui se sont succédé ont mis la France au service des Français.

10e COMMANDEMENT : LA FIERTÉ NATIONALE

Tu feras de la fierté nationale l'aiguillon du dépassement de soi.

Alors qu'il devait être fusillé par les Allemands le 26 septembre 1943 à la citadelle de Besançon, avec 15 camarades pour faits de résistance, un lycéen de 16 ans écrivait le matin de son exécution à ses parents : « Je n'ai pas peur de la mort. [...] Je meurs volontairement pour ma patrie. [...] Adieu, la mort m'appelle. Je ne veux ni bandeau ni être attaché. » Et il signait : « Henri Fertet, au ciel, près de Dieu. » Trois quarts de siècle plus tard, en relisant ce message à sa famille, nous renaît une émotion qui n'a rien perdu de son intensité, ni de cette admiration pour les jeunes patriotes et leurs aînés qui ont choisi de participer au combat pour libérer la France malgré les risques encourus. Ils furent des milliers à payer de leur vie leur engagement au service de leur pays. Mais il ne suffit pas de saluer leur mémoire, de participer à des commémorations qui ne parviennent plus à freiner l'oubli de l'héroïsme des martyrisés, de « ce peuple d'ombres » que Malraux voyait accompagner les cendres de Jean Moulin au Panthéon. Dans l'esprit de ces sacrifiés comme de ceux qui leur ont survécu, et de l'armée de libération à la croix de Lorraine, chasser l'envahisseur allemand était le but; mais l'objectif visait au-delà: rendre au pays sa grandeur, sa fierté et transformer la société pour la rendre plus juste dans une France modernisée au profit de tous. Cultiver cet idéal nourri de leur sang est le devoir sacré de tout élu, quelle que soit sa charge. C'est celui qui anime encore la plupart des maires ruraux pour protéger, aménager le morceau de France qui leur est confié, bien que la superposition des structures d'amont: communauté de communes, conseil départemental, conseil régional, les prive de l'autorité et des moyens nécessaires à leur mission, et que l'individualisme croissant fait obstacle, parfois avec violence, à leur volonté de promouvoir la justice et la bonne entente entre leurs administrés.

Ce patriotisme-là tire sa force de l'appartenance à une terre, à une langue, à une histoire, à une culture. En France, il a résisté à toutes les invasions. Mais il est confronté aujourd'hui à une submersion démographique telle qu'elle interdit toute assimilation et remet en cause le partage des valeurs nées d'un destin commun. Et la crise d'identité atteint des sommets quand l'Élysée sonne la charge en qualifiant la colonisation et sa fin parfois tragique (Vietnam, Algérie) de «crimes contre l'humanité[1]» et en proposant

1. La France aurait-elle fait pire que d'autres, coupables de génocides avérés, comme les Espagnols en Amérique, comme les Anglais qui ont exterminé les Aborigènes ou les Allemands qui ont massacré les Namibiens, les Turcs qui ont décimé les Arméniens, les Belges, brutalisé et exploité les Congolais?

de subordonner la souveraineté française à une souveraineté européenne. Alors pourquoi sont-ils morts, ceux qui, en Indochine, au-delà des intérêts mercantiles s'il en fut, avaient pour mission de stopper le communisme en pleine expansion dans le monde ? Pourquoi sont-ils morts, ceux qui, en Algérie, voulaient éviter le bain de sang qui a suivi l'indépendance à laquelle personne ne s'opposait plus ? Pourquoi la France a-t-elle subi deux guerres mondiales effroyables pour éviter le joug allemand, si c'est pour consentir maintenant à être asservie par une Europe germanique ?

Ramener le drapeau ?

La mode est à ringardiser le patriotisme pour lui substituer le « black, blanc, beur ». Or, s'il n'est plus dans le cœur des grands élus, il reste dans celui du peuple. Instinctivement, foncièrement. « La Patrie est le bien de ceux qui n'ont rien », aurait dit Jaurès. Avant de mourir, Henri Fertet écrivait « sa confiance en la France éternelle ». Un autre supplicié de 17 ans, Guy Môquet, avec 26 de ses camarades, s'écrie : « Vive la France ! » devant le peloton d'exécution. À ces héros d'hier, aux patriotes d'aujourd'hui, c'est leur faire injure de remplacer le drapeau tricolore par la bannière bleue étoilée des eurocrates serviles et apatrides. Car, si nous sommes géographiquement européens et tenus de multiplier les coopérations, de sceller un pacte d'assistance mutuelle entre tous nos États membres de l'Union européenne, nous restons français, italiens, allemands, polonais… La diversité est une richesse quand elle est source de progrès collectif.

Le patriotisme, « cette palpitation affective du cœur », n'est pas mort

Le sentiment d'appartenance nationale est bafoué et, pour mieux le détruire, on dénonce en tant que nationalisme ce qui est patriotisme, malgré la clarification apportée par le général de Gaulle lui-même : « Le patriotisme, c'est aimer son pays. Le nationalisme, c'est détester celui des autres. » C'est pourquoi détester Orbán, Salvini, Kaczyński, Kurz, Johnson…, chefs d'États estimés trop jaloux de l'indépendance de leur pays, et le proclamer haut et fort, est non seulement politiquement maladroit mais aussi contre-productif. Et cela claque comme une insulte quand on colle à ces réfractaires l'estampille conquérante du triptyque nazi : *« Ein Volk, ein Reich, ein Führer »* (un peuple, un État, un führer). À la vindicte de ces intolérants, Trump échappait encore ; car, courageusement, on respecte les forts ! Et parce que le patriotisme américain étonne et impressionne quand il unit une population d'origines si diverses chantant l'hymne national la main sur le cœur ; quand le peuple salue fièrement les défis de ses Présidents : celui de Kennedy d'envoyer un homme sur la Lune pour effacer le désappointement de ne pas avoir été premier dans l'espace ; et ceux, sous forme de slogans mobilisateurs de Reagan : *« America is back »* ; d'Obama : *« Yes, we can »* ou de Trump : « *Make America great again* ». À toutes les élites françaises sceptiques, on objectera que la compétition n'est pas la guerre ; on ne leur pardonnera pas que le *sursaut* de Gaulle, tant décrié et moqué en son temps par les médias dominants, n'ait pas encore trouvé de repreneur ; pas plus que le mystère Jeanne d'Arc, la majesté du Roi-Soleil, le souffle napoléonien, la ruée Clemenceau ne leur ont servi de référence à une nouvelle ambition française. Ce socle de grandeur a déserté la France. Elle ne retrouvera pas son rang tant que ses grands élus se contenteront de « faire cuire leur petite soupe électorale dans leur petit coin », dans la résignation et le mauvais prétexte du recul démographique comparé, des failles économiques et sociales du pays. Or, le patriotisme, ce sentiment viscéral d'appartenance à une nation, a cette vertu d'engendrer le dépassement de soi en temps de paix comme en temps de guerre.

Pour ses peuples, l'Europe ne sera jamais une patrie

Certes, le monde change. Il interdit un patriotisme étroit. Le paysage géopolitique ne peut rester immuable. Ce n'est pas pour autant qu'il faut faire table rase du passé. L'Europe en chantier fournit le bon exemple qu'une mosaïque de populations ne peut enfanter une nation commune lorsqu'il s'agit de fondre dans un même creuset un Nord libre-échangiste, calviniste et plutôt austère, avec un Sud de droit romain, traditionaliste, catholique et plutôt convivial ; un Est sous influence slave et orthodoxe et, à l'ouest, des îles Britanniques atlantistes. Autant cet espace peut s'organiser pour assurer une libre circulation des biens, des capitaux et des personnes et au-delà, développer des solidarités internes, autant une centralisation des pouvoirs sans assise démocratique réelle et sans âme ne pourra jamais s'imposer aux peuples, ni contrevenir à leur droit fondamental à disposer d'eux-mêmes. La nation est-elle si périmée qu'elle ne serait plus que le musée des civilisations passées ? Un credo mondialiste doit-il se substituer à la foi patriotique ? Le chauvinisme dans les stades, qui n'a rien de condamnable quand il n'est pas excessif, restera-t-il le seul lieu d'exercice de l'identité et de la fierté nationales alors que la France a tant de raisons de s'enorgueillir de son passé ; et tant de raisons de se prévaloir de son présent au rappel des performances de ses entreprises, de la valeur de ses scientifiques, de la persévérance de ses paysans, de l'excellence de sa cuisine, de la réussite inégalée de ses grandes maisons du luxe, des prouesses de ses ingénieurs qui ont inventé Airbus, Concorde, Ariane, défis d'origine française, et maîtrisé le nucléaire ? Et si chaque année 80 millions de touristes visitent la France, c'est pour admirer la beauté et la diversité de ses paysages façonnés par des générations de paysans et de forestiers ; c'est pour s'étonner de la richesse, unique au monde, de son patrimoine architectural et artistique, chaque siècle ayant laissé son empreinte d'églises et de châteaux sur cette terre du bout du continent bordée par l'océan pour mieux s'ouvrir sur le monde.

Pour autant, l'élu ne peut se contenter d'une fierté contemplative ; il doit la vivre active, conquérante, et la fonder sur un corpus de valeurs héritées du passé: s'adapter aux temps nouveaux sans renier ses origines et sa foi, c'est le défi à relever. Hélas, depuis de Gaulle, aucun chef d'État ne s'y est attaché, préférant au grand large la sécurité derrière le navire amiral américain. Pourtant, l'Europe offre la meilleure chance de reprendre un espace de liberté dans le concert des nations, à condition qu'elle ne soit plus pour Paris une tutelle de second rang en relais de Washington. Reprendre la main à Bruxelles ne sera pas chose facile, d'autant que nombre de présidents de la République n'ont cessé d'affirmer y mettre le corps tout entier. Car la Commission assistée de son armada de fonctionnaires a confisqué le pouvoir. Centralisatrice, autoritaire et technocratique, elle s'est progressivement muée en gouvernement de l'Europe avec la complicité passive de la France et l'aval tacite de l'Allemagne qui en a profité pour se hisser en pole position de l'Union. Sans faire état de la docilité des petits États membres qui ont trouvé, en adhérant à l'Union, un tuteur-protecteur qui lui offrait une existence diplomatique inespérée et, par la France – seule puissance nucléaire du continent –, un bras armé sans frais. Parce que ses gouvernants, après de Gaulle écarté du pouvoir, ont bradé le capital de réussite et d'autorité internationale par lui engrangé pour la chimère d'une Europe fédérale morte avant de naître. À cette fin, ils ont cédé le leadership à l'Allemagne, baisé l'anneau de la Couronne britannique qui leur a tourné le dos, préférant débattre directement avec Washington plutôt que de se faire cornaquer par la Commission européenne. Le désastre est total. Son ampleur est cachée au peuple, à dessein non averti que le fameux « plus d'Europe » se traduira par plus de soumission. Mais les citoyens ne l'auraient-ils pas cependant un peu deviné en rejetant le projet de Constitution européenne en 2005, péripétie immédiatement soldée par l'entourloupe sarkozyste du recours à un vote du Parlement ?

« *Ne serait-il pas*
plus simple alors pour le gouvernement
de dissoudre le peuple
et d'en élire un autre ? », ricanait Bertolt Brecht (*La Solution*, 1953).

Effacé le souvenir du leadership gaullien à Bruxelles ?

Au Berlaymont, fief des communautés européennes à Bruxelles, les Français se font rares dans les étages les plus élevés et leur langue encore plus ; d'autant que par coquetterie ils aiment faire étalage de leur maîtrise de la langue de Shakespeare désormais dominante. C'est un premier signe de l'affaiblissement du français confirmé par la rédaction presque exclusivement en anglais[2] des textes officiels, bien

2. L'usage du français, langue du droit par essence, est progressivement abandonné dans les textes officiels de référence de l'Union européenne. En 1997, 45 % des textes étaient rédigés en anglais et 40 % en français ; en 2005, le français est tombé à 16,5 % et en 2015 à 5 %. La mode de l'anglicisme viole notre quotidien ; elle s'étend aux enseignes des magasins, des services dans l'intention d'interpeller le chaland, le client, le patient, l'usager. L'imagination se libère ; elle n'est pas toujours de bon goût (Beauty Frip, Body Concept, Relooking, Hair Shop, American Vintage, bureau de coworking…).

que la langue de Molière soit reconnue par les juristes plus précise pour définir le droit, et le départ des Britanniques n'a rien changé à cette pratique. Autre signe de perte d'influence : l'ordre protocolaire au sein de la Commission des années 2014-2019 ; il plaçait le représentant français au 18e rang sur les 28 qu'elle comptait (un par État membre quelle que soit sa démographie). Aucun directeur général attaché à l'un de ces 28 commissaires n'était français. Du jamais vu.

Au-delà de la remise en cause de ces pratiques humiliantes, la France devrait hausser le ton pour que soit mis fin aux dérives technocratiques, démocratiques, libérales et mondialistes de l'Europe. Technocratiques, elles sont patentes. Démocratiques, elles le sont aussi quand on examine le déséquilibre de la représentation entre les États membres au sein du Parlement européen ; il profite exagérément aux petits pays. C'est ainsi que le Luxembourg dispose d'un député pour 90 000 électeurs quand il en faut 900 000 à la France, soit dix fois plus. Certes, lors des votes, le recours à la majorité qualifiée est possible tant à la Commission qu'au Conseil des chefs d'État et de gouvernement mais le consensus est la règle, le vote, l'exception. Déconnectés de leur base nationale, les élus européens ont tendance à travailler en circuit fermé : dans l'ignorance du sentiment populaire, à l'abri de la colère des citoyens et sans lien organique avec leurs homologues nationaux. Par principe, un commissaire européen doit être libre de toute attache avec le pays qui l'a envoyé à Bruxelles, affirmait le candide Michel Barnier. Les Allemands et quelques autres en rient encore !

*Refuser l'*imperium *de la Commission européenne*

Plus grave est l'option franchement libérale que promeut et conduit la Commission en interne, au motif qu'elle prévaut dans le monde depuis la chute du régime communiste et concomitamment de l'économie administrée. Considéré comme la preuve par neuf de la suprématie exclusive du libre-échange, l'effondrement soviétique a entraîné un effet inverse à sa cause : l'imprudente ouverture généralisée des marchés, négociée à l'OMC (Organisation mondiale du commerce). Une bonne affaire pour la Chine qui s'est précipitée dans la brèche pour inonder le monde de ses produits manufacturés. Avec une certaine naïveté, la Commission européenne a été au cœur de ce dispositif d'accélération de la libéralisation du commerce y contraignant ses États membres en vertu de son pouvoir de négocier les traités commerciaux en leur nom. Elle en fait trop.

Son *imperium* exaspère quand elle décide seule, oblige, voire sanctionne les États européens réticents ; quand elle ignore l'identité des peuples en imposant une règle commune toujours plus prégnante. Son autoritarisme heurte les fiertés nationales et rencontre un rejet croissant. La révolte gronde et s'étend. La Grande-Bretagne quitte le navire. Mais la querelle du Brexit n'est pas seulement anglaise ; elle est, en lame de fond, européenne, entre les apôtres du libre-marché et du tout européen qui ont l'oreille de la Commission et les réfractaires qui n'acceptent plus la tutelle communautaire telle que pratiquée par les institutions de Bruxelles. En conséquence, « s'il faut sauver le soldat Ryan », l'Europe et l'ambition qu'on lui prête, il est temps d'engager la refondation de ses institutions[3] et de les mobiliser pour un nouveau challenge.

Une Europe de boutiquiers ou de conquérants ?

La première exigence est politique. Il faut remettre l'église au milieu du village, c'est-à-dire rendre le pouvoir aux élus des nations qui le détiennent de leurs peuples. En conséquence, tout doit être décidé et arbitré par le Conseil européen des chefs d'État et de gouvernement dont l'autorité sera légitime quand la représentation de chacun des États sera conforme à son poids démographique, économique et à sa puissance militaire. La Commission en sera la cheville ouvrière, sans pouvoir de décision. Son mode de désignation actuel qui lui donne une apparence démocratique (son président est élu par le Parlement) en sera évidemment profondément modifié. La Banque centrale européenne qui tient depuis des décennies l'euro surévalué lui sera aussi assujettie. La Grande-Bretagne s'étant mise hors-jeu, la défense sera logiquement placée sous commandement français. Le Parlement européen limitera ses compétences aux problèmes de libre circulation des biens et des personnes. Telles sont les conditions à l'élargissement souhaitable de l'Union à tout le continent européen, *de l'Atlantique à l'Oural*, défi à relever face à ceux de l'Amérique et de la Chine.

---

3. Du même auteur, *Le Complot des maîtres du pouvoir*. Lattès, 1999.

Rien de mieux pour en finir avec la querelle sur l'identité de l'Europe, supranationale ou non, entre les eurosceptiques et les euros-béats que de viser un nouvel horizon : celui de rassembler dans le plus grand territoire de la planète, le plus riche en réserves minérales, un peuplement de 750 millions d'habitants, soit la moitié de la Chine ou de l'Inde actuelles, pour peser économiquement face à l'Amérique du Nord et se libérer du joug de Washington, pour tenir en respect la Chine et briser l'isolement organisé de la Russie qui est à la fois contre-productif et dangereux. À l'évidence, un ensemble aussi vaste exclut toute forme fédérale, mais il permet, dans le respect des identités nationales, la libéralisation progressive et prudente des échanges, une paix interne et un front commun si nécessaire face aux *imperium* chinois et américain. Ce serait aussi un clin d'œil à l'Afrique éclatée, menacée d'une colonisation asiatique plus prégnante et durable que celle qu'elle a connue au cours de la période à cheval sur les deux siècles précédents.

Douter du destin de la France, c'est le péché mortel dans lequel s'embourbent depuis un demi-siècle les politiciens au pouvoir. Parce qu'ils n'ont pas la foi en la mission universelle de leur pays, en la valeur de l'héritage qui leur a été confié. Ils sont comme ces paysans qui abandonnent aux affairistes et sans tristesse les terres reçues des générations précédentes. Néanmoins, cette trahison de l'élite, confusément, le peuple, au souvenir des temps tragiques qui ont transcendé les meilleurs des siens, reste prêt à répondre à qui saura le motiver pour ce grand dessein.

CONCLUSION

Toujours plus: l'homme politique est confronté à la soif insatiable de bien-être qui saisit le monde occidental. Jusqu'à l'excès, quand la priorité est donnée à l'individu sur la collectivité et s'oppose à la solidarité, voire au bien commun. En ce siècle de remises en cause délirantes, il faut à l'élu une âme bien trempée pour résister à la pression d'une modernité qui s'exprime dans de multiples revendications: elles s'étendent du mieux-vivre aux loisirs les plus fous, quitte à nier le bien-fondé des codes de la vie sociale et des valeurs qui les portent. Une ambition prométhéenne prétend libérer l'homme de toute entrave, y compris de sa condition humaine inscrite dès sa naissance. Elle conduit à une revendication de nouveaux droits individuels qui marqueront les règles communes à promouvoir, et que le législateur est invité de façon insistante à cautionner. C'est pourquoi, parfois à son corps défendant, il approuve

« les avancées sociétales » plus faciles à décider qu'à modifier la courbe du chômage ou à réduire la dette de la France.

Voilà ce qui explique la carence cruelle de grands hommes d'État attendus par le peuple. Avant qu'ils ne soient nés en politique, ils ont des concurrents médiocres mais acharnés, des juges sans toge, des commentateurs journalistes critiques par destination. Aussi, la médiocrité triomphe parce que la prudence est partout.

La crise de civilisation est réelle : elle est avant tout spirituelle. « Le grand péché du monde moderne, c'est le refus de l'invisible », affirmait Julien Green. Sans finalité, sans transcendance spirituelle, la morale naturelle est un corps sans âme livré à ses besoins. Or, la tendance est de délester l'action politique de tout sens divin au profit d'une laïcité qui, de neutre, est devenue discriminatoire et combative. Au point de chasser toute référence, non point religieuse mais plus précisément judéo-chrétienne, dans le monde d'aujourd'hui alors qu'il en est partout imprégné et qu'elle a fécondé la civilisation occidentale. « Dieu est mort [...]. Il nous parlait et il se tait », s'attristait Jean-Paul Sartre. C'est parce qu'on le chasse de partout : des éphémérides de France 2 qui a « sorti » les saints de son journal quotidien dans un ridicule souci de neutralité ; on le chasse de l'université quand le futur médecin, lorsqu'il prononce le serment d'Hippocrate, substitue à Dieu « l'Être suprême » ; on le chasse du dôme d'une église orthodoxe pour laïciser l'image d'un message publicitaire ; on le chasse subrepticement des écoles chrétiennes quand seuls leurs murs restent catholiques ; on le chasse de ses églises en sécularisant les lieux du culte désertés par les fidèles.

Ce reniement conduit à une perte d'identité qui banalise la citoyenneté, tue la fierté d'appartenance à une terre, à une histoire, à une nation. La faute en incombe au monde politique, plus attaché à sa survie qu'à sa mission, qu'à l'exemple qu'il doit donner de sa probité, de sa foi en le grand destin de son pays dans le suivi de ceux qui l'ont fondé, protégé, développé, porté durant plusieurs siècles en tête des nations et vers qui convergent encore les espérances des plus démunis, les appels des peuples opprimés. Trop rares sont les élus à lutter à contrecourant du défaitisme ambiant, à chasser l'illusion de leur suffisance. Tout au contraire et à leur manière, Philippe de Villiers en ressuscitant au Puy du Fou l'histoire oubliée de la France profonde, Franck Ferrand dans la remarquable émission « La Belle Histoire de France » et Stéphane Bern dans ses « Secrets d'Histoire » comme par son soutien au patrimoine de la France – n'hésitons pas à le dire, le plus dense et le plus riche au monde – contribuent à nourrir un orgueil légitime que ne partagent plus les jeunes générations dans l'ignorance du roman français en laquelle on les tient. Le désenchantement du monde ; une « mortelle fatigue de vivre » (Paul Bourget) ; l'esprit de servilité et le refus identitaire finiront par tuer la fierté française. Pourtant, la France a ses attaches, ses assises sur tous les continents : elle a brillamment essaimé partout dans le monde autant par ses idées que par ses hommes, en mot, par son génie.

Pour émerger d'une terre, le génie n'a pas besoin de vastes territoires. Il lui faut la foi et la volonté. Le génie français ne s'est qu'endormi. Aussi, nombreux sont encore ceux qui ne seront « jamais las de guetter dans l'ombre la lueur de l'espérance ! » (Charles de Gaulle).

En hommage et remerciements à Françoise Balitrand, qui a éclairé de sa sensibilité de femme, de l'expérience de son origine terrienne et de son remarquable parcours, comme de son sens politique inné et de sa foi en la générosité de la nature humaine, toutes les étapes de ce livre et des quatre qui l'ont précédé.

Table des matières

DU MÊME AUTEUR

Le Pain de la liberté (Lattès – 1982).

Le Complot des maîtres du pouvoir (Lattès – 1999).

Vaincre la faim. Pour en finir avec l'inacceptable… (Eyrolles – 2009).

Un paysan au cœur du pouvoir (De Borée – 2015).

Les droits d'auteur de cet ouvrage seront directement versés à l'association « Le Plan Guillaume, pour un nouvel ordre économique mondial » qui lutte activement pour le développement des pays pauvres.

Cet ouvrage a été achevé d'imprimer sur Roto-Page
par l'Imprimerie Floch à Mayenne en septembre 2021
N° d'édition : 6915 – N° d'impression : 98851
Imprimé en France